Siegfried Haas, Julia Dieter

Warum gerade ich?

Die Hiob-Geschichte

Arbeitsmaterialien für die Sekundarstufen

Verlag an der Ruhr

Impressum

Titel: **Warum gerade ich?**
Die Hiob-Geschichte

Autoren: Siegfried Haas, Julia Dieter

Illustrationen: Wolfgang Neumann

Fotos: Siegfried Haas (S. 35, 36, 56).
Dieter Kastl (S. 22 unten, 63, 74 oben, 94, 98).
Johannes Obermeier (S. 22 oben, 42, 44, 46, 49, 62, 63 re. unten,
68, 74 unten, 77, 101).
Gianfranco D'Acunto (S. 67).

Druck: Druckerei Uwe Nolte, Iserlohn

Verlag: **Verlag an der Ruhr**
Alexanderstraße 54 – 45472 Mülheim an der Ruhr
Postfach 10 22 51 – 45422 Mülheim an der Ruhr
Tel.: 0208/439 54 50 – Fax: 0208/439 54 39
E-Mail: info@verlagruhr.de
www.verlagruhr.de

© Verlag an der Ruhr 2004
ISBN 3-86072-830-X

Gedruckt auf chlorfrei gebleichtes Papier.

**geeignet für
die Altersstufe** 13 14 15 16 17 18 19

Die Schreibweise der Texte folgt der
reformierten Rechtschreibung.

Die Bibeltexte sind zitiert nach: Die Bibel – Einheitsübersetzung.
Altes und Neues Testament, Katholische Bibelanstalt GmbH,
Verlag Herder, 1980.

Inhalt

Inhalt

„Sie haben Hiob doch gelesen?"

„Das Hiob-Buch, selbst eines der größten Werke der Weltliteratur, kommt der tragischen Dramatik so nahe wie kein anderes Werk der Bibel und prägt dabei eine Verssprache, deren Eleganz und Prägnanz ihresgleichen sucht."
Georg Langenhorst, Hiobs Schrei in der Gegenwart, 1995

„Sie haben Hiob doch gelesen? Lesen Sie ihn, lesen Sie ihn immer und immer wieder!"
Sören Kierkegaard, 1843

„Von allen Büchern des Alten Testaments ist das Buch Job das erhabenste, ergreifendste, kühnste und zugleich das rätselhafteste, enttäuschendste und, fast möchte ich sagen, das abstoßendste."
Paul Claudel, Das Buch Job, 1946

„Hiob, mit dem wir alle verwandt sind"
Walter Helmut Fritz, Sie alle lesen, 1983

Vorwort

Auf den ersten Blick erscheint die biblische Hiob-Geschichte geradezu unverständlich. Deswegen wird sie im Schulunterricht in der Regel erst gar nicht behandelt. Bei der intensiven Auseinandersetzung mit der Geschichte werdet ihr jedoch erkennen, dass Hiob sich ganz konkret auf Probleme eurer eigenen Lebenswelt bezieht. Das Hiob-Buch thematisiert bis heute aktuelle Fragen:

Für viele von uns lautet die zentrale Frage an den Glauben: Wie kann ein allmächtiger und gütiger Gott die Übel und das Böse in der Welt zulassen, warum müssen wir leiden?

Leid ist eine elementare Erfahrung, ein Phänomen, das oft sehr nachhaltig in das Leben hineinwirkt. Wer von euch kennt keine Leiderfahrungen? Ärger in der Schule, Beziehungsprobleme, Stress mit den Eltern. Einige von euch sind mit ihrem Aussehen unzufrieden, das vielleicht nicht dem derzeitigen Idealbild entspricht. Aber auch Krankheit, Mobbing und mangelndes Selbstbewusstsein können zu Leiderfahrungen führen. **Immer wieder kommen wir in Situationen, in denen wir uns fragen: Warum gibt es so viel Leid auf dieser Erde? Warum passiert gerade mir das?**

In Leidenszeiten sind Freunde besonders wichtig. Im Hiob-Buch wird deutlich, dass die Ratschläge der Freunde dem verzweifelten Hiob nicht weiterhelfen – im Gegenteil: Für ihn sind die Beschuldigungen unerträglich und sein Leid wird immer größer. An dieser Stelle spricht uns die Geschichte sehr direkt an: **Was erwarte ich als Leidender von meinen Freunden? Wie kann ich selbst leidenden Freunden wirklich helfen?**

Wir möchten mit unseren Materialien die Hiob-Geschichte verständlicher machen und zeigen, welche Bezüge sie, trotz ihres Alters, zu unserem heutigen Leben hat. Dass sie tatsächlich noch aktuell ist, zeigt sich an einer großen Zahl von Gedichten, Liedern und Popsongs, aber auch an Filmen und Büchern, die die Theodizee-Frage in immer wieder neuer Form verarbeiten.

Wir haben versucht, unterschiedliche Medien, allen voran bekannte Popsongs, einzubeziehen. Diese regen auch zur weiteren Beschäftigung mit dem Thema an.

Weiterhin haben wir uns bemüht, eine Vielzahl möglicher Methoden (Umgang mit Texten, Bildbetrachtung, kreatives Schreiben, Rollenspiele, Cartoons, Klanggestaltung ...) aufzuzeigen, um die Hiob-Geschichte auf ganz verschiedenen Ebenen erfahrbar zu machen.

Julia Dieter

Siegfried Haas

Aus Gründen der besseren Lesbarkeit haben wir in diesem Buch durchgehend die männliche Form verwendet. Natürlich sind damit auch immer Frauen und Mädchen gemeint, also Lehrerinnen, Schülerinnen etc.

1. Hiob:
Eine Einführung

Die Hiob-Thematik vernetzt

Bei der Arbeit mit den Materialien und Aufgaben in diesem Buch wirst du feststellen, dass das Hauptthema des Hiob-Buches – das Leid – in deinem Alltag und auch in vielen deiner wichtigsten Schulfächer eine große Rolle spielt. Hier findest du die in diesem Buch angeschnittenen Themen und Themenvorschläge nach Fächern geordnet. Diese Aufstellung dient als Anregung, wie du dich kreativ mit dem Thema Leid auseinander setzen kannst. Du kannst weitere Vorschläge und Ideen ergänzen.

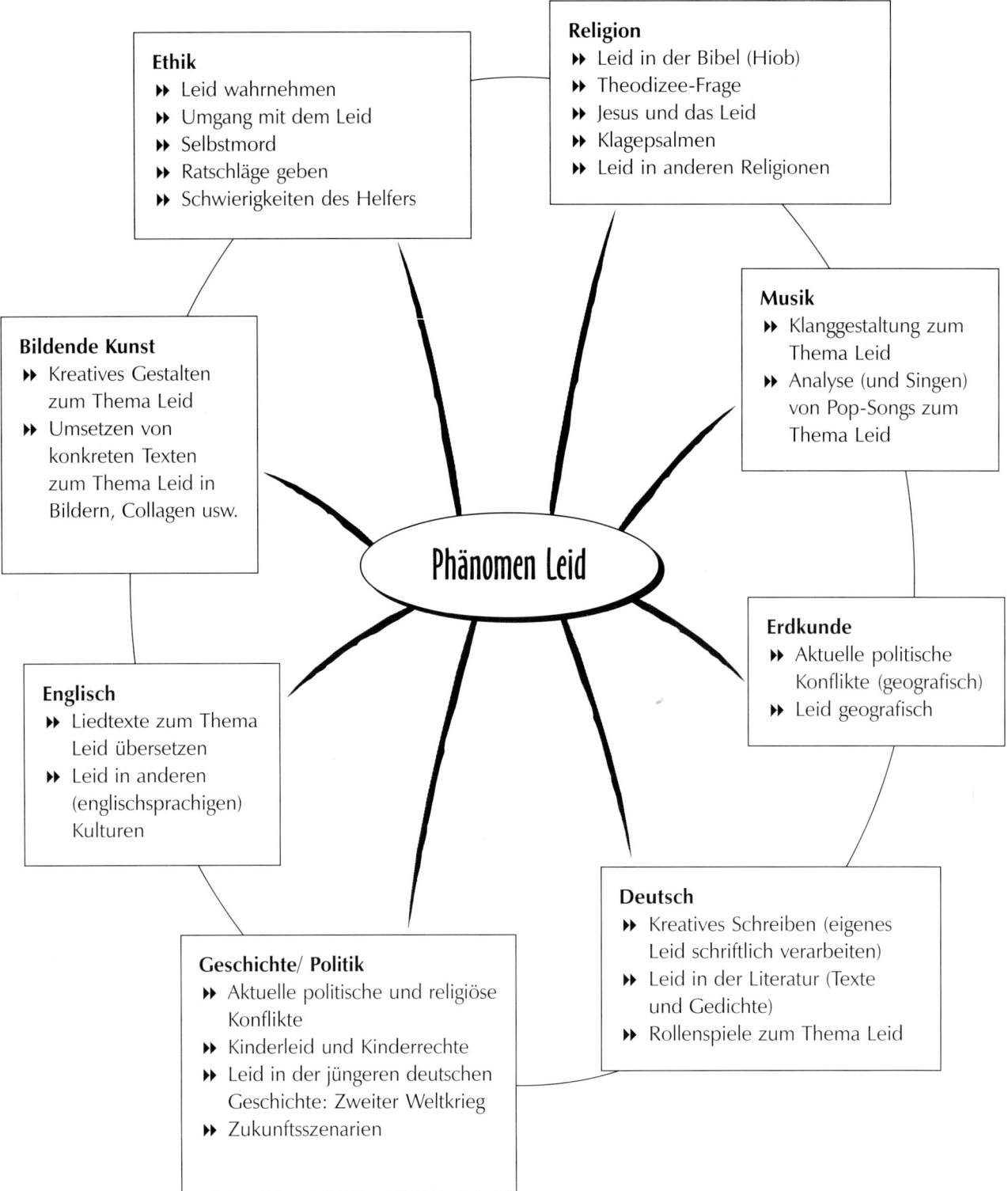

Ethik
- ▸ Leid wahrnehmen
- ▸ Umgang mit dem Leid
- ▸ Selbstmord
- ▸ Ratschläge geben
- ▸ Schwierigkeiten des Helfers

Religion
- ▸ Leid in der Bibel (Hiob)
- ▸ Theodizee-Frage
- ▸ Jesus und das Leid
- ▸ Klagepsalmen
- ▸ Leid in anderen Religionen

Bildende Kunst
- ▸ Kreatives Gestalten zum Thema Leid
- ▸ Umsetzen von konkreten Texten zum Thema Leid in Bildern, Collagen usw.

Musik
- ▸ Klanggestaltung zum Thema Leid
- ▸ Analyse (und Singen) von Pop-Songs zum Thema Leid

Phänomen Leid

Englisch
- ▸ Liedtexte zum Thema Leid übersetzen
- ▸ Leid in anderen (englischsprachigen) Kulturen

Erdkunde
- ▸ Aktuelle politische Konflikte (geografisch)
- ▸ Leid geografisch

Geschichte/ Politik
- ▸ Aktuelle politische und religiöse Konflikte
- ▸ Kinderleid und Kinderrechte
- ▸ Leid in der jüngeren deutschen Geschichte: Zweiter Weltkrieg
- ▸ Zukunftsszenarien

Deutsch
- ▸ Kreatives Schreiben (eigenes Leid schriftlich verarbeiten)
- ▸ Leid in der Literatur (Texte und Gedichte)
- ▸ Rollenspiele zum Thema Leid

Inhalt und Geschichte des Buches Hiob

Inhaltszusammenfassung

Hiob, ein frommer, untadeliger und wohlhabender Mann, wird Gegenstand einer Wette zwischen Gott und Satan. Satan meint, dass Hiob nur deshalb Gottes treuer Diener sei, weil es ihm so gut gehe. Gott wettet dagegen und gibt Satan freien Lauf.

Hiob erfährt nun übergroßes Leid. Nach Verlust seines gesamten Besitzes sterben auch seine Kinder, schließlich wird er selbst krank. Hiob bekommt Besuch von seinen Freunden. Für sie ist der Gedanke, dass Gott einen Gerechten straft, unvorstellbar. Ihrer Meinung nach muss Hiob Schuld auf sich geladen haben. Diese frommen Erklärungsversuche helfen Hiob aber nicht – im Gegenteil. Er ist sich keiner Schuld bewusst und reagiert sehr ungehalten auf die Ratschläge der Freunde. Er versucht den Sinn des Leidens zu verstehen und wendet sich zornig und hilferufend an Gott selbst. Gott antwortet aus dem Gewittersturm und Hiob erkennt seine Sündhaftigkeit und die Schöpfermacht Gottes. Auf die Frage nach dem Warum erhält er jedoch keine Antwort. Im Streit mit seinen Freunden bekommt er von Gott Recht. Am Schluss erhält Hiob seinen Wohlstand zurück.

> **Theodizee**
> ist der Fachausdruck für die Frage nach der Rechtfertigung Gottes für das in der Welt herrschende Leid.

Hintergrundinformationen zu Geschichte und Struktur des Textes

Das Buch Hiob gehört zur Weisheitsliteratur des Alten Testaments. Es entstand in der nachexilischen Zeit (wahrscheinlich zwischen ungefähr 500 und 200 v.Chr.).

Das Hiob-Buch ist kein in sich geschlossenes Werk. Es besteht aus einer **Rahmenerzählung** (Hiob 1,1–2,12 und Hiob 42,10–17) und einer kunstvoll **eingefügten Dichtung** mit jeweils eigenen Schwerpunkten. Weitere kürzere Textpassagen (Loblied auf die Weisheit, Elihu-Reden) wurden vermutlich erst später hinzugefügt.

Im Zentrum der Erzählung steht die Frage nach Gottes Gerechtigkeit (**Theodizee**). In Frage gestellt wird der damals vorherrschende Vergeltungsglaube, wonach es dem Gerechten gut und dem Sünder schlecht geht.

Die Hiobthematik ist kein speziell israelitisches Thema. Aus dem orientalischen Raum der damaligen Zeit sind mehrere Texte überliefert, die auch das Hiobproblem behandeln. Vergleichbare Texte finden sich bei den Sumerern, den Babyloniern, den Ägyptern und den Griechen.

	Die Hiob-Erzählung (Rahmenerzählung):	**Die Hiob-Dichtung:**
Handelnde Personen	Die Erzählung handelt von Gott, Satan, Hiob und Hiobs Familie. Satan ist hier der eigentliche Anstifter der himmlischen Wette. Satan ist eine Hauptfigur.	Die Dichtung handelt von Gott, Hiob und Hiobs Freunden. Satan spielt hier keine Rolle mehr. Das Leid wird in der Dichtung direkt mit Gott in Zusammenhang gebracht. Auch Gott kommt in seiner Schlussrede (Hiob 38–41) nicht auf Satan zu sprechen.
Hiobs Umgang mit dem Leid	Obwohl der in der Erzählung dargestellte Hiob Besitz, Kinder und Gesundheit verliert, bleibt sein Gottvertrauen unerschüttert. Er klagt mit keinem Wort. Er stellt weder die „Warum-Frage" noch die Frage nach Gottes Gerechtigkeit. In der Erzählung ist von Hiobs vorbildlichem Verhalten die Rede.	Der in der Dichtung dargestellte Hiob klagt und rebelliert von Anfang an. Er fühlt sich zutiefst verletzt und ungerecht behandelt. Er hat kein unerschütterliches Gottvertrauen. In der Dichtung wird dieses rebellierende Reden als „recht geredet" beurteilt (Hiob 42,7–9). Der Satz aus der Erzählung „Bei alledem sündigte Hiob nicht und äußerte nichts Ungehöriges gegen Gott" widerspricht dem in der Dichtung dargestellten Verhalten Hiobs.
Themenstellung	Wer hat Recht, was Hiobs Frömmigkeit betrifft? Gott oder Satan?	Wer hat Recht, was das angemessene Verhalten in einer Leid-Situation betrifft, Hiob oder seine Freunde?

Vgl. Siegfried Zimmer, Die Entstehungsgeschichte des Buches Hiob, Script, Ludwigsburg o.J.

Der Aufbau des Hiob-Buches (1)

Hiob-Erzählung (Rahmenerzählung)

Erste Szene: **Hiob lebt fromm und glücklich** *(Hiob 1,1–5)*
(Ort der Handlung: Erde)

Zweite Szene: **Gott und Satan schließen eine Wette darüber ab, ob Hiob auch unter unerträglichen Lebensbedingungen noch so fromm an Gott glauben wird** *(Hiob 1,6–12) (Ort der Handlung: Himmel)*

Dritte Szene: **Hiob leidet sehr, aber bleibt Gott weiterhin treu**
(Hiob 1,13–22) (Ort der Handlung: Erde)

Vierte Szene: **Satan verlangt, Hiobs Leid noch zu steigern** *(Hiob 2,1–6)*
(Ort der Handlung: Himmel)

Fünfte Szene: **Hiob leidet unermesslich, aber bleibt Gott nichtsdestotrotz treu**
(Hiob 2,7–10) (Ort der Handlung: Erde)

Hiob-Dichtung

» **Erzählte Einleitung:** Drei Freunde (Elifas von Teman, Bildad von Schuach und Zofar von Naama) besuchen den leidenden Hiob. *(Hiob 2,11–13)*

» **Hiobs Klage:** Hiob klagt über sein Leben.
Er verflucht den Tag seiner Geburt. *(Hiob 3)*

» **Die Streitreden zwischen Hiob und seinen Freunden** *(Hiob 4–27)*:

1. Streitrede zwischen Hiob und seinen Freunden:
Die Freunde wollen Hiob trösten und ihm helfen, sein Leiden als Folge einer (möglicherweise unbewussten) Schuld verstehen zu lernen. Hiob beteuert, unschuldig zu sein. Er beginnt Gott Vorwürfe zu machen. Daraufhin weisen Bildad und Zofar ihn zurecht. Die Zurechtweisung der Freunde macht Hiob wiederum so verzweifelt, dass er Gott anklagt.

2. Streitrede zwischen Hiob und seinen Freunden:
Die Freunde werfen Hiob nochmals vor, er müsse doch Schuld auf sich geladen haben, wenn er so von Gott bestraft wird. Ihr Ton wird immer schärfer. Hiob fühlt sich von seinen Freunden unverstanden. Er ist sich keiner Schuld bewusst. Er wendet sich direkt an Gott, mit der Bitte zu bestätigen, dass seine Freunde Unrecht haben.

3. Streitrede zwischen Hiob und seinen Freunden:
Auf Hiobs Verhalten reagieren die Freunde Elifas und Bildad mit immer schärferen Vorwürfen. Elifas wirft Hiob zahlreiche Sünden vor. Hiob wünscht, von Gott selbst eine Erklärung zu bekommen. Die Ermahnung seiner Freunde empfindet er als Hohn.

Der Aufbau des Hiob-Buches (2)

▶▶ **Das Lied** (Hiobs) **über die Weisheit** (ein eigenständiges, vermutlich nachträglich in den Gesamttext eingefügtes Loblied) *(Hiob 28)*

▶▶ **Hiobs Herausforderungs- bzw. Schlussrede** *(Hiob 29–31):*
Hiob wendet sich nicht mehr an die Freunde, sondern nur noch an Gott. In einer Klage stellt er die glückliche Vergangenheit *(Hiob 29)* und die schreckliche Gegenwart *(Hiob 30)* gegenüber. Dann fasst er alle Unschuldsbeteuerungen noch mal zusammen *(Hiob 31)*. Zum Schluss fordert er von Gott eine Antwort.

■ **Die Reden Elihus, an Hiobs Freunde und an Hiob selbst gerichtet** (vermutlich nachträglich in den Gesamttext eingefügte Textpassage) *(Hiob 32–37)* Ein vierter Freund namens Elihu versucht Hiob mit weiteren Argumenten zu belehren. Auch diese Reden erscheinen Hiob nicht gerechtfertigt und er erwidert sie nicht.

▶▶ **Gottes Antwort** (bezieht sich auf Hiob 31) *(Hiob 38,1–40,2 und Hiob 40,6–41,26):*
Gott spricht aus dem Wettersturm zu Hiob. Er führt Hiob seine Schöpfermacht vor Augen, indem er ihm deutlich macht, dass trotz einiger chaotischer Mächte eine klare Ordnung in der Welt besteht *(Hiob 38)*. Auf die Fragen und Klagen Hiobs geht Gott nicht ein.

▶▶ **Hiobs Reaktion** *(Hiob 40,3–5 und Hiob 42,1–6):*
Obwohl Hiob von Gott keine befriedigende Antwort erhält, versteht und akzeptiert er schließlich die überlegene Allmacht Gottes.

▶▶ **Erzählter Schluss – Gott rechtfertigt Hiob vor seinen Freunden** *(Hiob. 42,7–9):*
Gott bestätigt, dass Hiob Recht hat und seine Freunde ihm Unrecht getan haben. Zweimal sagt Gott ausdrücklich: Hiob hat recht von mir geredet.
Gott respektiert also Hiobs Klage und Anklage.

Hiob-Erzählung (Rahmenerzählung)

Schluss-Szene: **Hiob beginnt ein neues glückliches Leben** (die entscheidenden Elemente der ersten Szene werden hier wieder aufgegriffen) *(Hiob 42,10–17) (Ort der Handlung: Erde)*

👁 Was fällt in Szene 1–5 der Rahmenhandlung in Bezug auf den jeweiligen Ort der Handlung auf?

👁 Wahrscheinlich ist zwischen der fünften und der letzten Szene der Rahmenhandlung eine ursprünglich sechste Szene verloren gegangen. Die eigentliche sechste Szene müsste von der Abfolge her wieder eine „Himmelszene" sein. Wie könnte diese sechste Himmelszene aussehen?

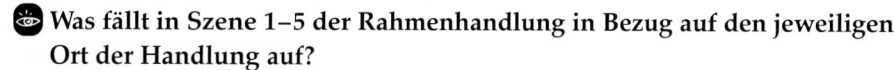

Der Text der Hiob-(Rahmen-)Erzählung (1)

Für den Namen **Hiob** gibt es unterschiedliche Schreibweisen: In der deutschen Einheitsübersetzung der Bibel wird der Name **„Ijob"** geschrieben, was der ursprünglichen hebräischen Aussprache des Namens näher kommt.

1. Szene: Hiob lebt fromm und glücklich
(Hiob 1,1–5)

Im Lande Uz lebte ein Mann mit Namen Ijob. Dieser Mann war untadelig und rechtschaffen; er fürchtete Gott und mied das Böse. Sieben Söhne und drei Töchter wurden ihm geboren. Er besaß siebentausend Stück Kleinvieh, dreitausend Kamele, fünfhundert Joch Rinder und fünfhundert Esel, dazu zahlreiches Gesinde. An Ansehen übertraf dieser Mann alle Bewohner des Ostens.

Reihum hielten seine Söhne ein Gastmahl, ein jeder an seinem Tag in seinem Haus. Dann schickten sie hin und luden auch ihre Schwestern ein, mit ihnen zu essen und zu trinken. Wenn die Tage des Gastmahls vorbei waren, schickte Ijob hin und entsühnte sie. Früh am Morgen stand er auf und brachte so viele Brandopfer dar, wie er Kinder hatte.

Denn Ijob sagte: *Vielleicht haben meine Kinder gesündigt und Gott gelästert in ihrem Herzen.*
So tat Ijob jedes Mal.

2. Szene: Gott und Satan schließen eine Wette ab
(Hiob 1,6–12)

Nun geschah es eines Tages, da kamen die Gottessöhne, um vor den Herrn hinzutreten; unter ihnen kam auch der Satan. Der Herr sprach zum Satan: *Woher kommst du?*
Der Satan antwortete dem Herrn und sprach: *Die Erde habe ich durchstreift, hin und her.* Der Herr sprach zum Satan: *Hast du auf meinen Knecht Ijob geachtet? Seinesgleichen gibt es nicht auf der Erde, so untadelig und rechtschaffen, er fürchtet Gott und meidet das Böse.* Der Satan antwortete dem Herrn und sagte: *Geschieht es ohne Grund, dass Ijob Gott fürchtet? Bist du es nicht, der ihn, sein Haus und all das Seine ringsum beschützt? Das Tun seiner Hände hast du gesegnet; sein Besitz hat sich weit ausgebreitet im Land. Aber streck nur deine Hand gegen ihn aus und rühr an all das, was sein ist; wahrhaftig, er wird dir ins Angesicht fluchen.*
Der Herr sprach zum Satan: *Gut, all sein Besitz ist in deiner Hand, nur gegen ihn selbst streck deine Hand nicht aus!* Darauf ging der Satan weg vom Angesicht des Herrn.

3. Szene: Hiob leidet sehr, aber bleibt Gott weiterhin treu *(Hiob 1,13–22)*

Nun geschah es eines Tages, dass seine Söhne und Töchter im Haus ihres erstgeborenen Bruders aßen und Wein tranken. Da kam ein Bote zu Ijob und meldete: *Die Rinder waren beim Pflügen und die Esel weideten daneben. Da fielen Sabäer ein, nahmen sie weg und erschlugen die Knechte mit scharfem Schwert. Ich ganz allein bin entronnen, um es dir zu berichten.*
Noch ist dieser am Reden, da kommt schon ein anderer und sagt: *Feuer Gottes fiel vom Himmel, schlug brennend ein in die Schafe und Knechte und verzehrte sie. Ich ganz allein bin entronnen, um es dir zu berichten.*
Noch ist dieser am Reden, da kommt schon ein anderer und sagt: *Die Chaldäer stellten drei Rotten auf, fielen über die Kamele her, nahmen sie weg und erschlugen die Knechte mit scharfem Schwert.*
Ich ganz allein bin entronnen, um es dir zu berichten.
Noch ist dieser am Reden, da kommt schon ein anderer und sagt: *Deine Söhne und Töchter aßen und tranken Wein im Haus ihres erstgeborenen Bruders. Da kam ein gewaltiger Wind über die Wüste und packte das Haus an allen vier Ecken; es stürzte über die jungen Leute und sie starben. Ich ganz allein bin entronnen, um es dir zu berichten.*

Nun stand Ijob auf, zerriss sein Gewand, schor sich das Haupt, fiel auf die Erde und betete an. Dann sagte er: *Nackt kam ich hervor aus dem Schoß meiner Mutter; nackt kehre ich dahin zurück. Der Herr hat gegeben, der Herr hat genommen; gelobt sei der Name des Herrn.* Bei alldem sündigte Ijob nicht und äußerte nichts Ungehöriges gegen Gott.

Der Text der Hiob-(Rahmen-)Erzählung (2)

4. Szene: Satan verlangt, Hiobs Leid noch zu steigern *(Hiob 2,1–6)*

Nun geschah es eines Tages, da kamen die Gottessöhne, um vor den Herrn hinzutreten; unter ihnen kam auch der Satan, um vor den Herrn hinzutreten. Da sprach der Herr zum Satan: *Woher kommst du?* Der Satan antwortete dem Herrn: *Die Erde habe ich durchstreift, hin und her.* Der Herr sprach zum Satan: *Hast du auf meinen Knecht Ijob geachtet? Seinesgleichen gibt es nicht auf der Erde, so untadelig und rechtschaffen; er fürchtet Gott und meidet das Böse. Noch immer hält er fest an seiner Frömmigkeit, obwohl du mich gegen ihn aufgereizt hast, ihn ohne Grund zu verderben.* Der Satan antwortete dem Herrn und sagte: *Haut um Haut! Alles, was der Mensch besitzt, gibt er hin für sein Leben. Doch streck deine Hand aus und rühr an sein Gebein und Fleisch; wahrhaftig, er wird dir ins Angesicht fluchen.* Da sprach der Herr zum Satan: *Gut, er ist in deiner Hand. Nur schone sein Leben!*

5. Szene: Hiob leidet unermesslich, aber bleibt Gott nichtsdestotrotz treu *(Hiob 2,7–10)*

Der Satan ging weg vom Angesicht Gottes und schlug Ijob mit bösartigem Geschwür von der Fußsohle bis zum Scheitel. Ijob setzte sich mitten in die Asche und nahm eine Scherbe, um sich damit zu schaben. Da sagte seine Frau zu ihm: *Hältst du immer noch fest an deiner Frömmigkeit? Lästere Gott und stirb!* Er aber sprach zu ihr: *Wie eine Törin redet, so redest du. Nehmen wir das Gute an von Gott, sollen wir dann nicht auch das Böse annehmen?* Bei all dem sündigte Ijob nicht mit seinen Lippen. *

Schluss-Szene: Hiob beginnt ein neues glückliches Leben *(Hiob 42,10–17)*

Der Herr wendete das Geschick Ijobs, als er für seinen Nächsten Fürbitte einlegte; und der Herr mehrte den Besitz Ijobs auf das Doppelte. Da kamen zu ihm alle seine Brüder, alle seine Schwestern und alle seine früheren Bekannten und speisten mit ihm in seinem Haus. Sie bezeigten ihm ihr Mitleid und trösteten ihn wegen all des Unglücks, das der Herr über ihn gebracht hatte. Ein jeder schenkte ihm eine Kesita und einen goldenen Ring. Der Herr aber segnete die spätere Lebenszeit Ijobs mehr als seine frühere. Er besaß vierzehntausend Schafe, sechstausend Kamele, tausend Joch Rinder und tausend Esel. Auch bekam er sieben Söhne und drei Töchter.

Die erste nannte er Jemima, die zweite Kezia und die dritte Keren-Happuch. Man fand im ganzen Land keine schöneren Frauen als die Töchter Ijobs; ihr Vater gab ihnen Erbbesitz unter ihren Brüdern. Ijob lebte danach noch hundertvierzig Jahre; er sah seine Kinder und Kindeskinder, vier Geschlechter. Dann starb Ijob, hochbetagt und satt an Lebenstagen.

✳ An dieser Stelle ist die Hiob-Dichtung in die Rahmenerzählung eingeschoben:

➡ **Erzählte Einleitung:** Drei Freunde besuchen Hiob *(Hiob 2,11–13)*

➡ **Hiobs Klage:** Hiob klagt über sein Leben. Er verflucht den Tag seiner Geburt *(Hiob 3)*

➡ Die drei Streitreden zwischen Hiob und seinen Freunden *(Hiob 4–27)*

➡ Das Lied Hiobs über die Weisheit *(Hiob 28)*

➡ Hiobs Herausforderungs- bzw. Schlussrede *(Hiob 29–31)*

➡ Die Reden Elihus *(Hiob 32–37)*

➡ Gottes Antwort *(bezieht sich auf Hiob 31) (Hiob 38,1–40,2 und Hiob 40,6–41,26)*

➡ Hiobs Reaktion *(Hiob 40,3–5 und Hiob 42,1–6)*

➡ **Erzählter Schluss:** Gott rechtfertigt Hiob vor seinen Freunden *(Hiob 42,7–9)*

👁 Unterstreich alle Zahlen im Hiobtext. Was fällt dir auf?

👁 Informiere dich, welche Bedeutung diese Zahlen haben (siehe S. 16).

Die Zahlensymbolik bei Hiob

3 Die Zahl **Drei** steht bei fast allen antiken Völkern für Heiligkeit, Vollkommenheit und Vollendung. Im Judentum bezeichnet die Drei den dreimal heiligen Gott *(Jesaja 6,3)*. Im Alten Testament kommt die Dreizahl auch sonst häufig vor: Die drei Jünglinge im Feuerofen, die drei Söhne Noahs, die drei Engel bei Abraham usw. Im Zentrum des christlichen Glaubens steht der dreieinige Gott (Vater, Sohn und Heiliger Geist).

▸▸ **3 Töchter, 3000 Kamele, 3 Freunde könnten bei Hiob demnach bedeuten:**

_____

_____

_____

4 Die Zahl **Vier** symbolisiert in der gesamten Antike das irdische Universum, das sich über vier Himmelsrichtungen erstreckt. Es besteht aus den vier Elementen Wasser, Luft, Feuer und Erde. Vier Jahreszeiten regeln den Lauf der Zeit. Im Gegensatz zur Dreizahl, dem Symbol Gottes, ist Vier die typische Zahl der Welt.

▸▸ **4 Boten könnten bei Hiob demnach bedeuten:**

_____

_____

5 Die Zahl **Fünf** ist nach Pythagoras die vollkommene Zahl des Mikrokosmos Mensch. Fünf ist die halbe Zehn und die Zahl der Finger an einer Hand. Die Fünf setzt sich aus der Summe der 2 (weibliches Element) und der 3 (männliches Element) zusammen und wird in verschiedenen Kulturen als Symbol der Hochzeit gesehen.

▸▸ **500 Rinder und 500 Eselinnen könnten bei Hiob demnach bedeuten:**

_____

_____

7 Die Zahl **Sieben** gilt als heilige Zahl, weil sie sich aus der göttlichen Drei und der irdischen Vier zusammen setzt, und daher Gott und Welt miteinander verbindet. Darüber hinaus gilt die Zahl als Symbol für Ganzheit, Fülle und Vollständigkeit. In der Bibel kommt die Zahl Sieben häufig vor: Der siebte Tag der Woche (Sabbat) und das siebte Jahr sind heilig; die siebentägige Woche usw. Auch im Neuen Testament spielt die Siebenzahl eine große Rolle: Siebenmal siebzigmal muss man vergeben *(Mt 18,22)*, sieben Dämonen treibt Jesus aus Magdalena aus *(Mk 16,9)*, die sieben Bitten des Vaterunsers usw.

▸▸ **7 Söhne, 7000 Schafe könnten bei Hiob demnach bedeuten:**

_____

_____

_____

10 **Zehn**, die Anzahl aller Finger, ist ein Bild der Vollkommenheit. Im Alten Testament ist Zehn häufig die Zahl für ein abgerundetes Ganzes: Die zehn Gebote fassen alle anderen Gebote zusammen, zehn Plagen verhängte Gott über Ägypten. Auch im Neuen Testament finden sich öfters Summen von Zehn: Zehn Jungfrauen, zehn Aussätzige, zehn Talente ...

▸▸ **3 Töchter und 7 Söhne = 10 Kinder könnten bei Hiob demnach bedeuten:**

_____

_____

_____

Literatur: Dorothea Forstner, Die Welt der christlichen Symbole, 5. verbesserte Auflage, Tyrolia-Verlag, 1986, Seite 47–60. Udo Becker, Lexikon der Symbole, Verlag Herder, 1993.

Sieben Söhne und drei Töchter galten im Orient als die ideale Zahl an Söhnen und Töchtern (sieben Töchter und drei Söhne wären dagegen kein so großes Glück). Auch beim Viehbestand ergibt sich jeweils eine Zehnerzahl als Gesamtzahl. Diese Zahl von Söhnen und Töchtern findet sich auch in Hiobs neuem glücklichen Leben wieder, die Zahl des Viehbestands hat sich sogar jeweils verdoppelt.

Für das Leid verantwortlich – Gott oder Satan?

Im Judentum fanden sich zunächst zwei Erklärungsmöglichkeiten für unverständliches Leid:

▶ Das Unheil wurde auf Gott zurückgeführt. Gott hatte in dieser Zeit auch unheimlich-dämonische Züge *(vgl. Ex 4,24–26; 1Sam 16,14–15; 2Sam 24,1; 1Kg 22,19–22)*. **Beispiel:** Ich bin krank, weil Gott es so will.

▶ Das Unheil wurde auf einen Tat-Folge-Zusammenhang zurückgeführt, auch auf die Sünden früherer Generationen *(vgl. Ex 20,5)*.
Beispiel: Wer einem anderen Leid zufügt, wird selbst Leid erfahren.

Der Prophet Hesekiel verkündete nach dem babylonischen Exil eine neue Sichtweise:

▶ Der Mensch ist nur noch für seine eigenen Sünden verantwortlich!
▶ Es gibt einen verlässlichen Gott, der zu jedem gerecht ist.

Beide früheren Erklärungsansätze für das Leid entfielen somit.
Trotzdem gab es natürlich weiterhin ungerechtes Leid. Woher kam dieses Leid? In dieser Situation entstand die Meinung, dass es neben Gott eine negative, übelwollende Macht geben müsse. Diese negative Macht nannte man „Satan" *(Satan = der Hemmer, Hinderer, Quertreiber, Widersacher, Feind)*.

Für Israel gab es nun zwei Möglichkeiten:

▶ Hält es weiterhin an Gott als dem einzigen Schöpfer und Herrn über Himmel und Erde fest? Dann kann es jedoch keinen ernsthaften Gegner geben.
▶ Oder billigt Israel Satan zu, mit eigener Macht ausgestattet zu sein (und somit eine Art Gegengott zu sein)? Dann ist Gott aber nicht länger allmächtiger Herrscher über Himmel und Erde.

Noch lange Zeit stritten verschiedene Gruppen des Judentums darüber, ob Satan nun existiert oder nicht. In vielen christlichen Gruppierungen wird dieses Thema noch heute diskutiert. Auch die Hiobgeschichte setzt sich mit der Frage auseinander, ob Gott allmächtig ist oder einen gleichwertigen Gegenspieler hat, der für das Leid in der Welt verantwortlich ist.

Vgl. Siegfried Zimmer, Hiob und die Theodizee-Frage, Script, Ludwigsburg, o. J.

 Welche zwei Erklärungsversuche für das Leid fanden sich anfangs im Judentum?

 **Was bedeutet Tat-Folge-Zusammenhang? Nenne Beispiele.**

 **Warum hatten und haben manche Menschen wohl ein Problem damit, sich Satan als einen gleichwertigen Gegner Gottes vorzustellen?**

 **Was glaubst du? Wer ist für das Leid verantwortlich?**

Umfrage: Wer liest heute noch die Bibel?

Projektvorschlag:

Führe in deiner näheren Umgebung eine Umfrage durch.
Werte diese Umfrage sorgfältig aus und stell die Ergebnisse
in deiner Klasse vor.

Fragebogen

Alter des Befragten:

_____

1. Lesen Sie die Bibel? Warum?

◯ regelmäßig   ◯ manchmal   ◯ nie

_____

_____

2. Welche biblischen Erzählungen sprechen Sie besonders an? Warum?

_____

_____

3. Welcher Teil der Bibel spricht Sie mehr an:

◯ Das Alte Testament   ◯ Das Neue Testament   ◯ Beide gleich

4. Mit welchen Erzählungen können Sie gar nichts anfangen?

_____

_____

5. Hat die Bibel für unser heutiges Leben noch eine Bedeutung?

Wenn ja, welche? _____

_____

Wenn nein, warum nicht? _____

_____

6. Kennen Sie das biblische Buch Hiob?   ◯ ja   ◯ nein

Wie beantwortest du selbst diese Fragen?

Macht in eurer Klasse eine Pro-Kontra-Diskussion zum Thema:
Hat die Bibel für unser heutiges Leben noch eine Bedeutung?
Sammelt im Voraus gute Argumente.

2. Leid:
Warum gerade ich?

Hiobsbotschaften heute

Hiobsbotschaften für Chip-Industrie

Hamburg – Asien-Krise, schleppende Verkäufe von Personal-Computern, Preisverfall: In der internationalen Halbleiter-Industrie vergeht kaum ein Tag ohne eine neue Hiobsbotschaft. Statt der fest einkalkulierten Zuwächse kämpft die Branche mit sinkenden Umsätzen und Gewinnen. „Nur die Paranoiden werden überleben" – das Lebensmotto des ehemaligen Chefs des weltgrößten Chip-Herstellers Intel, Andy Grove, scheint sich in diesen Tagen zu bewahrheiten.

Rhein-Zeitung 21.07.1998

SARS-Geheilte weiterhin ansteckend

Neue Hiobsbotschaft fordert weitere Abschottungen der Menschen nach der Krankheit – Hunderte neue Ansteckungen täglich

Peking – Eine neue Hiobsbotschaft aus Hongkong: Als geheilt geltende SARS-Patienten sind möglicherweise weiterhin ansteckend. Wie ein Hongkonger Arzt am Freitag mitteilte, wurde der Erreger der Lungenkrankheit im Urin und Stuhl von Patienten nachgewiesen, die bereits vor einem Monat aus dem Krankenhaus entlassen worden waren.

Der Standard, 02.05.2003

Der Landkreis kämpft um Schienenstrecke – Geplante Stilllegung wird nicht akzeptiert

Balingen, 23.05.2000. Jahrelang dümpelten gerade mal ein Güterzug täglich auf der jetzt 72 Jahre alten Schienenstrecke zwischen Balingen und Schömberg. Vor wenigen Wochen kam die Hiobsbotschaft von der Deutschen Bahn AG. Man wolle die Bahnstrecke stilllegen, wenn sich kein privater Nutzer finden würde.

Zollern-Alb-Kurier, 23.05.2000

Neue Hiobsbotschaften für Eichel

Steuerschätzung: Bis 2006 fehlen Bund, Ländern und Gemeinden 126 Milliarden Euro

BERLIN. Bundesfinanzminister Hans Eichel hat neue verheerende Zahlen auf dem Schreibtisch: Die Wirtschaftsleistung ist rückläufig, hinzu kommen weitere Steuerausfälle.

SCHWÄBISCHES TAGBLATT, 16.05.2003

👁 Was sind Hiobsbotschaften? Finde Synonyme für diesen Begriff.

👁 Warum nennt man solche Nachrichten „Hiobsbotschaften"?

Projektvorschlag:

💡 Suche in Zeitungen oder im Internet nach weiteren Hiobsbotschaften. Dabei muss nicht unbedingt ausdrücklich der Begriff „Hiobsbotschaft" im Text stehen. Sammle auch solche Meldungen, die *du* als Hiobsbotschaft bezeichnest, und erkläre, warum.

💡 Achte darauf, wie viele Hiobsbotschaften in einer einzelnen Tageszeitung zu finden sind. Was glaubst du, was das bedeutet?

Hiob, der gute Mensch von Uz

👁 Lest gemeinsam den Text „Hiobs Frömmigkeit und Glück" *(Hiob 1,1–5)*
und erstellt dann den Steckbrief Hiobs.

Hiobs Steckbrief

Name: _____

Wohnort: _____

Beruf: _____

Eigenschaften: _____

_____

Kinder: _____

Besitz: _____

_____

_____

_____

_____

Mein Steckbrief in einigen Jahren

Stell dir vor, du wärst 30 Jahre alt. Was glaubst du, wie dein Leben aussehen wird?

Wirst du eine Familie haben?

Wirst du viel Geld verdienen?

Wirst du im Beruf erfolgreich sein ...

und dir all deine Träume erfüllen können?

👁 Fülle deinen eigenen Steckbrief aus. Du kannst auch passende Fotos oder Zeichnungen ergänzen.

Name: _____

Wohnort: _____

Beruf: _____

Eigenschaften: _____

Kinder: _____

Besitz: _____

Schreckensbotschaften an Hiob

Die „Hiobsbotschaften" und ihre Vorgeschichte im Rollenspiel

Rollenspiel für 2 Personen:
Gott
Satan

Projektvorschlag: 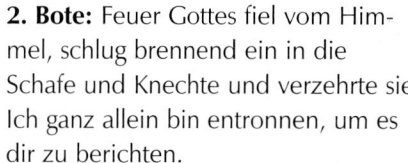 Gott und Satan schließen eine Wette ab (Hiob 1,6–12 vgl. S. 14). Stellt die Ereignisse in einem Rollenspiel dar. Verteilt dazu die Rollen und lest euren Text vorher genau durch.

Rollenspiel für 5 Personen:
Hiob
vier Boten

Projektvorschlag: 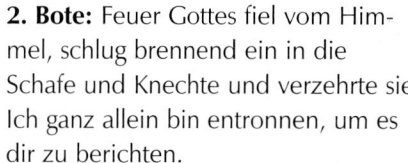 Vier Boten überbringen Hiob nacheinander die Schreckensbotschaften (Hiob, 1,13–22 vgl. S. 14). Stellt die Ereignisse in einem Rollenspiel dar. Verteilt dazu die Rollen und lest euren Text vorher genau durch.

Nun geschah es eines Tages, dass seine Söhne und Töchter im Haus ihres erstgeborenen Bruders aßen und Wein tranken. Da kam ein Bote zu Ijob und meldete:

1. Bote: Die Rinder waren beim Pflügen und die Esel weideten daneben. Da fielen Sabäer ein, nahmen sie weg und erschlugen die Knechte mit scharfem Schwert. Ich ganz allein bin entronnen, um es dir zu berichten.

2. Bote: Feuer Gottes fiel vom Himmel, schlug brennend ein in die Schafe und Knechte und verzehrte sie. Ich ganz allein bin entronnen, um es dir zu berichten.

3. Bote: Die Chaldäer stellten drei Rotten auf, fielen über die Kamele her, nahmen sie weg und erschlugen die Knechte mit scharfem Schwert. Ich ganz allein bin entronnen, um es dir zu berichten.

4. Bote: Deine Söhne und Töchter aßen und tranken Wein im Haus ihres erstgeborenen Bruders. Da kam ein gewaltiger Wind über die Wüste und packte das Haus an allen vier Ecken; es stürzte über die jungen Leute und sie starben. Ich ganz allein bin entronnen, um es dir zu berichten.

Hiob litt – ich leide

👁 Eine Hiobsbotschaft ist _____

_____

_____

_____

👁 Hast du schon einmal eine Hiobsbotschaft erhalten?
Beschreibe die Situation ausführlich in deinem Heft.

👁 Wie bist du mit dieser Hiobsbotschaft umgegangen? Schreibe ins Heft.

Hiob litt ...

obwohl _____

nachdem _____

genau wie _____

weil _____

deshalb _____

so, dass _____

Manchmal leide ich ...

obwohl _____

nachdem _____

genau wie _____

weil _____

deshalb _____

so, dass _____

Hiobs Reaktion auf die Unglücksbotschaften

Nun stand Ijob auf, zerriss sein Gewand, schor sich das Haupt, fiel auf die Erde und betete an. Dann sagte er: Nackt kam ich hervor aus dem Schoß meiner Mutter; nackt kehre ich dahin zurück. Der Herr hat gegeben, der Herr hat genommen; gelobt sei der Name des Herrn. Bei alldem sündigte Ijob nicht und äußerte nichts Ungehöriges gegen Gott. *(Hiob 1,20–22)*

👁 Schau dir das Bild genau an.

👁 Was denkt Hiob jetzt wohl?

👁 Welche Gedanken macht er sich über Gott?

👁 Schreibe Hiobs Gedanken in die Denkblase.

👁 Kannst du nachvollziehen, warum Hiob trotz allen Unglücks nicht auf Gott schimpft oder ihm Vorwürfe macht?

Hiobs Leid wird noch gesteigert

Satan schlägt Gott vor, Hiobs Leid noch zu steigern
(Hiob 2,1–6)
Nun geschah es eines Tages, da kamen die Gottessöhne, um vor den Herrn hinzutreten; unter ihnen kam
auch der Satan, um vor den Herrn hinzutreten.

Gott: *Satan, woher kommst du?*

Satan: *Die Erde habe ich durchstreift, hin und her.*

Gott: *Hast du auf meinen Knecht Ijob geachtet? Seinesgleichen gibt es nicht auf der Erde, so untadelig und
rechtschaffen; er fürchtet Gott und meidet das Böse.
Noch immer hält er fest an seiner Frömmigkeit, obwohl
du mich gegen ihn aufgereizt hast, ihn ohne Grund zu
verderben.*

Satan: *Haut um Haut! Alles, was der Mensch besitzt,
gibt er hin für sein Leben. Doch streck deine Hand aus
und rühr an sein Gebein und Fleisch; wahrhaftig,
er wird dir ins Angesicht fluchen.*

Gott: *Gut, er ist in deiner Hand. Nur schone sein Leben!*

Hiob erleidet körperliche Qualen *(Hiob 2,7–9)*
Der Satan ging weg vom Angesicht Gottes und schlug
Ijob mit bösartigem Geschwür von der Fußsohle bis
zum Scheitel. Ijob setzte sich mitten in die Asche und
nahm eine Scherbe, um sich damit zu schaben.

Hiobs Frau: *Hiob, hältst du immer noch fest an deiner
Frömmigkeit? Lästere Gott und stirb!*

Hiob: ...

- 👁 **Was glaubst du: Wie reagiert Hiob?**
  Vertraut er Gott weiterhin?

- 👁 **Schlage in der Bibel nach, was Hiob sagt.**
  Hättest du mit dieser Antwort gerechnet?

- 👁 **Was hättest du geantwortet?**

- 👁 **Diskutiert: Was glaubt ihr, wie viel Leid**
  ein Mensch ertragen kann?

Ein Bild erschließen

Fragen an das Bild

- Wer _____
- Wann _____
- Warum _____
- Was _____
- Wie _____
- Wo _____
- W _____

👁 Wo würdest du gerne auf diesem Bild vorkommen?

👁 Wenn du in diesem Bild wärst: Was würdest du sehen, hören und riechen?

👁 Wer möchtest du auf diesem Bild nicht sein?

👁 Was würdest du hinzumalen oder weglassen?

👁 Gib dem Bild eine Überschrift.

Freunde ...

Hiob und seine Freunde

Hiob war am Ende. Er hatte alles verloren, was ihm lieb war. Seine Tiere waren
gestohlen und seine Knechte erschlagen worden. Und es kam noch schlimmer.
Bei einem Wirbelsturm kamen seine Töchter und Söhne ums Leben. Doch Hiob
klagte Gott nicht an. Er meinte: *„Der Herr hat's gegeben, der Herr hat's genommen;*
der Name des Herrn sei gelobt."
Doch das Unglück hatte noch kein Ende. Er bekam am ganzen Körper einen furchtbaren Ausschlag. Glücklicherweise hatte Hiob drei gute Freunde. Als sie von seinem
Unglück hörten, machten sie sich auf, um ihn zu trösten. Doch als sie ihn aus der
Ferne sahen, erkannten sie ihn kaum wieder. Sie konnten sein Unglück nicht fassen
und waren tief bestürzt. Sie waren erst einmal sprachlos. Um ihm zu zeigen, dass sie
mit ihm trauerten, setzten sich seine Freunde eine lange Zeit zu Hiob auf die Erde.
Sie sahen, dass sein Schmerz sehr groß war. Danach fing Hiob an zu klagen.
Er verfluchte den Tag seiner Geburt und fragte sich, warum gerade er soviel
erleiden musste. Daraufhin sprachen seine Freunde ...

Standbild: Hiob und seine Freunde.

Um ein Standbild zu bauen braucht ihr einen
Regisseur und vier Mitspieler. Alle anderen bilden
das Publikum.

▸▸ Der Regisseur bestimmt das Arrangement.
Er legt fest, wo und wie die Mitspieler sitzen,
liegen oder stehen. Er formt Körperhaltung
und Gesichtsausdruck.
▸▸ Die Mitspieler verhalten sich passiv. Sie tun das,
was der Regisseur von ihnen verlangt.
▸▸ Während der gesamten Bauphase sollte nicht
gesprochen werden.
▸▸ Wenn das Standbild fertig ist, erstarren alle
Mitspieler 30 Sekunden lang. Einer aus dem
Publikum kann dieses Bild auch fotografieren.
▸▸ Nun erklärt der Regisseur sein Bild bzw. seine
Absichten.
▸▸ Danach berichten die Mitspieler über ihre
Erfahrungen.
▸▸ Zum Schluss erklären die Beobachter,
wie das Bild auf sie wirkt.

Projektvorschlag:

💡 **Schreib die Erzäh-
lung zu Ende.**
  • **Was sagen die
  Freunde?**
  • **Wie reagiert Hiob?**
  • **Wie endet das
  Gespräch?**

💡 **Schreib einen Brief
an deinen Freund
Hiob.**

💡 **Stellt diese Szene in
einem Rollenspiel
dar** *(4 Schüler).*

💡 **Male auf einem
großen Plakat die
drei Freunde Hiobs.**

👁 **Stell dir vor, dir geht
es sehr schlecht.
Was erwartest du
von deinen Freun-
den? Wie könnten
sie dir helfen?
Was sollten sie auf
keinen Fall sagen?**

Ursachen von Leid

👁 Ergänze die Liste mit Beispielen für Leid in der Welt.

👁 Ordne die gefundenen Beispiele anschließend den drei Kategorien zu.

Leid in der Welt:

Unfall, Krieg, Selbstmord, Mord, Traurigkeit, Aids, Hitler, Rassismus, Krebs,

Überschwemmung, Mutlosigkeit, Hunger, Ausbeutung, Unterdrückung, Dürre,

_____

_____

_____

_____

_____

_____

↓   ↓   ↓

Von Menschen verursachtes Leid:	Von der Natur verursachtes Leid:	Unerklärliches Leid:

Leid in der Welt – Zukunfts-Szenarien

Projektvorschlag:

💡 Hängt in jeder Ecke des Klassenzimmers eine der 4 Meinungen auf.

💡 Versammelt euch alle in der Mitte des Klassenzimmers. Einer von euch liest eine Behauptung über die Zukunft vor. Alle anderen gehen ohne Kommentar in ihre Meinungsecke. Begründet dann eure Entscheidung.

💡 Stellt noch weitere Behauptungen über die Zukunft auf.

Meinung 1:

Ja, stimmt genau.

Meinung 2:

Wahrscheinlich wird es so kommen.

Meinung 3:

Ich stimme dieser Meinung nicht zu.

Meinung 4:

Ich kann mich nicht entscheiden.

> *„Durch neue Medikamente und neue Technik wird es in Zukunft immer weniger Leid geben."*
>
> *„Die Militärausgaben werden weltweit immer geringer. Das eingesparte Geld wird genutzt, um das Leid der Menschen zu lindern."*
>
> *„Es dauert nicht mehr lange, dann haben die Forscher gegen alle Krankheiten auf dieser Erde ein Gegenmittel gefunden."*

👁 Wie sieht das Leben auf der Erde in 50 Jahren aus? Schreibe einen ausführlichen Aufsatz und verwende dabei die folgenden Begriffe:

- Krieg/Frieden
- Freude/Leid
- Armut/Reichtum
- Bildung/keine Bildung
- virtuelle Welt/reale Welt
- Naturschutz/Umweltzerstörung

👁 Bildet zwei Gruppen. Die eine Gruppe beschreibt stichwortartig ein ganz grässliches Zukunftsszenario, die andere ein wunderschönes Zukunftsszenario. Verwendet die oben genannten Begriffe. Ihr dürft auch heftig übertreiben.

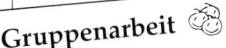

Gruppenarbeit 😊 **Gruppe 1: Leid durch Naturkatastrophen (1)**

👁 Lest den Text sorgfältig durch und bearbeitet die Aufgaben dazu. Anschließend gebt ihr den anderen Gruppen eine kurze und verständliche Inhaltsangabe des Textes und eine Zusammenfassung eurer Diskussionen und Ergebnisse.

FLUTKATASTROPHE
Deutschlands Dämme brechen

Nicht nur in Sachsen, auch in Bayern, Tschechien und Österreich hieß es Land unter in vielen Städten und Landstrichen. Bereits in den Tagen zuvor hatte das Wetter verrückt gespielt, von den Alpen bis zum Kaukasus, von Barcelona bis Wien, von Salzburg bis Eutin. Eine solche Sintflut hatten die meisten Europäer noch nie erlebt.

Das Verderben kam aus dem Erzgebirge. Über 300 Liter Regen pro Quadratmeter waren dort stellenweise heruntergeprasselt, ein Jahrhundertrekord. Mehrere Gebirgsbäche schwollen gewaltig an, darunter auch die Weißeritz. Diese verließ in Dresden ihr kanalisiertes Bett und überflutete zusammen mit der Elbe die Innenstadt. Bald darauf bot die frisch renovierte Stadt ein Bild des Jammers. Der Hauptbahnhof glich einer Schwimmhalle. Der prachtvolle Zwinger, die teure Semperoper und der Landtag – metertief versunken. In weiten Gebieten Sachsens herrschte Katastrophenalarm, 17.000 Menschen mussten evakuiert werden. [...]

Der viel beschworene Klimawandel, der erste Vorbote der Treibhauskatastrophe: Sieht er so aus? „Wer jetzt noch bestreitet, dass ein Klimawandel stattfindet, dem ist nicht zu helfen", sagt Mojib Latif, Klimaforscher am Hamburger Max-Planck-Institut für Meteorologie. Für ihn ist die Ursache klar. In den vergangenen 100 Jahren sei die Durchschnittstemperatur auf der Erde um knapp ein Grad gestiegen. Dieser Anstieg bedeute mehr Energie in der Atmosphäre, dadurch verdunste mehr Wasser, das dann umso kräftiger auf uns herabregne. Klimaschutz wirkt erst später. Doch ganz so einfach scheint die Klimarechnung nicht. Mehr Wasserdampf bildet verstärkt Wolken – und die wiederum wirken kühlend, denn sie schirmen das Sonnenlicht ab. So froren mitten im Hochsommer die Menschen im verregneten Italien, an der Adria und auf Mallorca blieben die Strände leer. Zwar sind die Rechenmodelle der Klimaforscher inzwischen recht präzise, aber die komplizierte Rolle der Wolken und des Wasserdampfs im atmosphärischen Haushalt der Erde erklären sie immer noch nicht exakt.

Trotz berechtigter Zweifel an der Theorie halten die meisten Wissenschaftler es für richtig, langfristig die Emission von Treibhausgasen zu senken, wie vom Kyoto-Protokoll gefordert. Allerdings sind sich Umweltschützer und Klimaforscher darin einig, dass dieser erste gemeinsame Schritt frühestens in 20 bis 30 Jahren bescheidene Wirkung zeigen wird. Um die befürchtete Aufheizung des Weltklimas gegen Ende des Jahrhunderts zu halbieren, von etwa vier auf zwei Grad, wäre allerdings eine wesentlich drastischere Senkung der Emissionen in den Industriestaaten notwendig (um 80 Prozent bis 2050, statt der in Kyoto geplanten 5 Prozent). Das bleibt ein utopisches Ziel.

Klimaschutz ist ein langwieriges Unterfangen. Auf die drängende Frage, wie sich verheerende Unwetterschäden [...] künftig begrenzen lassen, geben die Beschlüsse von Kyoto keine Antwort. Neben dem in Jahrzehnten rechnenden Klimaschutz, der globale Folgen haben soll, benötigen wir dringend einen effektiveren, regional wirkenden Unwetterschutz.

Versicherungsgesellschaften beklagen, dass die Kosten von Naturkatastrophen drastisch zugenommen hätten. Die Gesamtschäden haben sich seit den sechziger Jahren verachtfacht, die versicherten Schäden sind sogar um das Vierzehnfache gestiegen. Woran liegt das?

Moderne Gesellschaften sind auf reibungslose Produktions- und Dienstleistungsabläufe angewiesen. Darum konzentrieren sie Know-how und Produktionsstätten in engen Ballungszentren. Das steigert ihre Verwundbarkeit. [...]

Was tun? Erdbebenschäden können durch sichere Bauten begrenzt werden. Gegen Überflutungen schützen stärkere Dämme und Deiche und eine bessere Flussregulierung – Überlaufflächen inklusive. Auch der Häuserbau in gefährdeten Regionen muss besser kontrolliert werden. Noch sind wassernahe – und damit überschwemmungsbedrohte – Grundstücke wegen ihres hohen Freizeitwertes besonders beliebt und teuer. Längst sind die meisten Küstenregionen Europas zugebaut. Wesentlich häufigere Fehlplanungen sind Tiefgaragen, Keller oder Unterfüh-

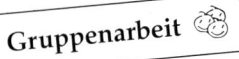
Gruppe 1: Leid durch Naturkatastrophen (2)

rungen in überschwemmungsgefährdeten Zonen. Die veraltete und oft zu schwach ausgelegte Entwässerung von Straßen und Häusern verkehrt sich ins Gegenteil: Aus Gullys und Sanitäranlagen quillt immer öfter das Wasser. Nach Stürmen blockieren umgestürzte Baumriesen regelmäßig Schienen und Straßen, beschädigen Häuser und Autos. Von unzureichend gesicherten Dächern und Fassaden stürzen Ziegel und Verkleidungen auf Fahrzeuge und Passanten. Die Frage, wie sehr der Mensch das globale Klima beeinflusst, wird die Forscher noch lange beschäftigen. Dass er für viele Unwetterschäden selbst die Verantwortung trägt, ist dagegen heute schon unzweifelhaft. Gehandelt wird viel zu wenig. Peinlich sind die Wahlkampfauftritte besorgter Landesväter in den Katastrophengebieten. Noch vor wenigen Jahren hielten sie die Sorgen der Ökologen für typische deutsche Untergangsängste. Worauf es jetzt ankommt, ist die praktische Vorsorge; denn nicht alles, was wie eine unabänderliche Katastrophe einherkommt, müssen wir erdulden. Bessere Stadt- und Landschaftsplanung ist kein politisches Kunststück.

Hans Schuh   *DIE ZEIT 34/2002*

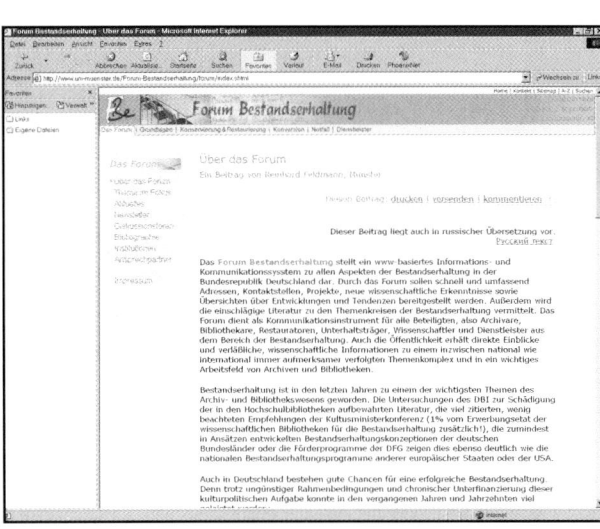

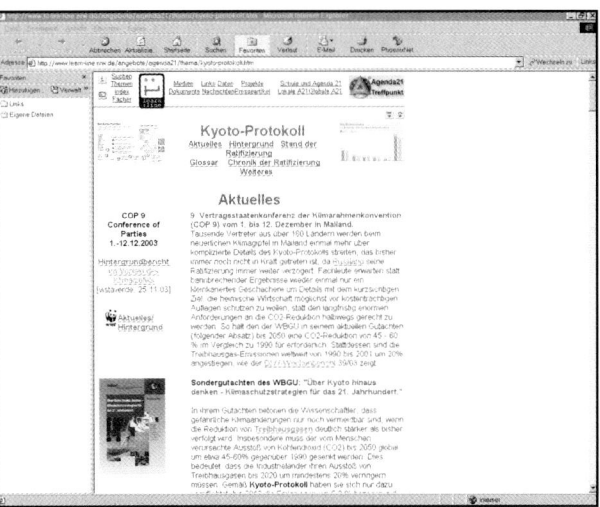

Die Flutkatastrophe brachte im Sommer 2002 sehr viel Leid über die Menschen, vor allem in den neuen Bundesländern. (Mehr Infos findest du im Internet unter: **www.uni-muenster.de/Forum-Bestandserhaltung/notfall/flut.shtml**)

👁 **Wer ist für das Hochwasser verantwortlich? Der Mensch oder die Natur? Begründe deine Antwort.**

👁 **Erkundige dich: Was ist das Kyoto-Protokoll? Wie beurteilst du dieses Protokoll? Welche Probleme erkennst du? (Tipp: mehr Infos findest du im Internet z.B. unter: www.learn-line.nrw.de/angebote/agenda21/thema/kyoto-protokoll.htm)**

👁 **Wie könnte man sich zukünftig vor Hochwasserkatastrophen schützen? Gibt es überhaupt Möglichkeiten?**

👁 **Wie kann hochwassergeschädigten Menschen geholfen werden?**

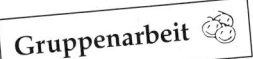

Gruppenarbeit Gruppe 2: **Leid im Krieg (1)**

Lest den Text sorgfältig durch und bearbeitet die Aufgaben dazu.
Anschließend gebt ihr den anderen Gruppen eine kurze und verständliche
Inhaltsangabe des Textes und eine Zusammenfassung eurer Diskussionen
und Ergebnisse.

Der 17-jährige Wilhelm H. erlebte als Soldat die letzten Monate des Zweiten
Weltkriegs. Nach einer Ausbildung an der Flak (Fliegerabwehrkanone) in Stuttgart
wurde seine Einheit im Februar 1945 an die Ostfront verlegt. Diese Zeit war für ihn
geprägt von permanenter Angst und großem Leid. Noch in den letzten Kriegstagen
starben viele seiner Kameraden in hoffnungslosen Kämpfen.
Die schrecklichen Erfahrungen kann er bis heute nicht vergessen.
Erst 50 Jahre nach Kriegsende ist er in der Lage, seine Kriegserlebnisse
aufzuschreiben. Es folgt ein kurzer Ausschnitt:

Die beiden letzten Kriegstage im Mai 1945

Am Morgen des 6. Mai hielt das Pferdefuhrwerk in
Fischbeck an der Elbe an. Hier standen noch viele deutsche Landser [Soldatensprache für: Soldat], alle mit der
Absicht, die Elbe zu überqueren, um zu den Amerikanern zu gelangen. Ich dachte mir noch: „Jetzt hast du es
geschafft, der Krieg ist zu Ende." Doch dies war ein Trug-
schluss. Wir wurden hier alle noch einmal erfasst und zu
Kompanien zusammengewürfelt. Dann bekamen wir die
Aufgabe, nach Schönhausen zu marschieren, um dort
gegen die anstürmenden Russen in Stellung zu gehen.
Die gesamten Ortsstraßen von Schönhausen waren voll
von abgestellten Fahrzeugen, Panzern, Kanonen und Pferden. Die dazugehörigen Soldaten waren aber schon vor
einer Woche, als sie hier ankamen, über die Elbe zu den
Amerikanern geflohen. Damals stand sogar die Elbbrücke
noch. Jetzt standen also nur noch wir hier, und zwar nur
deshalb, um in einem hoffnungslosen Kampf von der
Roten Armee vernichtend geschlagen zu werden. Welch
ein Irrsinn war dieses Unterfangen. Dies wurde mir erst
später so richtig klar. Obwohl Hitler schon seit Tagen tot
war, ging seine Strategie vom grandiosen Untergang
Deutschlands weiter.

Im Morgengrauen, so gegen 4.30 Uhr, ging es dann los.
Eine Stunde schossen die Russen mit ihrer Artillerie in
unsere Richtung. Ich verkroch mich in meinem Loch,
so gut ich konnte. Während dieses Dauerbeschusses er-
hob ich mich ein paarmal und sah, wie immer wieder ein
Pferd von Granatsplittern getroffen wurde und auf den
Boden fiel. Nicht selten quoll das Gedärm aus ihren Lei-
bern hervor. Ich hoffte nur, dass keines dieser Pferde auf

mein Loch fallen würde. Dann wäre ich nämlich jäm-
merlich erstickt. Beim Nachlassen des Trommelfeuers
streckte ich wieder meinen Kopf heraus und bemerkte,
dass die vor mir liegenden Soldaten sich zurückzogen.
Ohne lange zu überlegen, verließ auch ich meine Deckung und verschwand im Schutze der abgestellten Fahrzeuge in Richtung Straße. Bei jedem Granateneinschlag
ging ich in Deckung. Jeder versuchte jetzt nur noch, so
schnell wie möglich von hier weg zu kommen. Erst am
Ausgang des Dorfes in Richtung Fischbeck ließ der Be-
schuss nach. Hier versuchte ein deutscher Hauptmann
auf einem Pferd mit der Maschinenpistole im Anschlag,
die zurückeilenden Landser aufzuhalten, um mit ihnen
auf freiem Gelände eine Verteidigungslinie aufzubauen.
Dies gelang ihm auch teilweise. Nach einer erneuten Zu-
sammenstellung wies er unsere Gruppe an, uns in der
Richtung des Elbdammes zu verschanzen. Bis dorthin
waren es ungefähr zwei Kilometer. Am Fuße dieses Dammes ging unsere Gruppe also in Stellung. Als wir keinen
Vorgesetzten mehr sahen, verdrückten wir uns in den
Hangbereich des Dammes und versteckten uns im dorti-
gen Unterholz. Einer inneren Eingebung folgend, bestieg
ich die Anhöhe des Dammes und sah am Ufer deutsche
Soldaten, die sich um ein Schlauchboot scharten.
Daraufhin rannte ich so schnell ich nur konnte zu diesen
Landsern. Einen von ihnen redete ich an und sagte ihm,
dass unsere Gruppe auch auf die andere Seite rüber
möchte. Er meinte dann, dass, wenn wir uns beeilten,
noch drei Mann mit ihnen rüber fahren könnten. Danach
müssten wir halt wieder zurückpaddeln, um die restli-
chen Männer zu holen. Sofort rannte ich wieder zu meiner Gruppe und fand zwei weitere, die bei diesem Plan
mitmachten. Wir rannten wieder zum Ufer und dann ging
es los. Erschwerend kam hinzu, dass die Elbe zu diesem

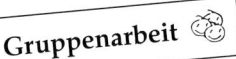

Gruppenarbeit

Gruppe 2: Leid im Krieg (2)

Zeitpunkt Hochwasser führte. Das Boot, eigentlich für 15 Mann gedacht, war mit 20 Mann besetzt. Dies wirkte sich jedoch nicht nachteilig aus, da wir dadurch nicht so weit abgetrieben wurden. Während der zehnminütigen Überfahrt mussten wir permanent die Fußpumpe betätigen, da eine Kammer des Bootes ein Loch hatte. Schon vom Boot aus sahen wir auf der Westseite die Amerikaner stehen. Kurz vor dem Anlegen warfen wir ihnen die beiden Leinen des Bootes entgegen und sie zogen uns vollends an Land.

Unsere Soldaten wurden angewiesen, über die Böschung hinauf zur Straße zu gehen. Für sie war der Krieg beendet; nicht jedoch für uns. Wir mussten noch einmal zurückpaddeln, um unsere Kameraden zu holen. Zu dritt nahmen wir nun das leere Schlauchboot und zogen es ca. 150 Meter flussaufwärts, um nicht zu weit abgetrieben zu werden. Dann paddelten wir los und kämpften uns durch das aufbrausende Wasser wieder in Richtung östlicher Seite. Dort am Ufer standen schon viele deutsche Soldaten und riefen uns zu, dass wir uns beeilen sollten. Ungefähr ab Flussmitte konnte ich vor Erschöpfung nicht mehr paddeln. Bewusstlos fiel ich ins Boot. Meine beiden Kameraden brachten das Boot auch ohne meine Hilfe wieder auf die östliche Seite. Die Leute unserer Gruppe und auch noch viele andere stiegen in das Boot, um schnellstens die rettende westliche Seite zu erreichen. Von dieser Aktion habe ich allerdings nichts mehr mitbekommen. Ich war bewusstlos, bis wir wieder auf der westlichen Elbseite ankamen. Dies war so gegen 13.30 Uhr. Wären die Russen nicht im Elbvorland mit ihren gepanzerten Fahrzeugen steckengeblieben, hätte es für uns keine Chance zum Entrinnen mehr gegeben.

An diesem Tag wollten sich noch viele deutsche Soldaten über die Elbe retten. Einige versuchten es mitsamt den Pferden. Diese hatten aber zu große Angst vor dem Hochwasser und drehten sofort wieder um. Andere versuchten es mit Benzinfässern oder Kanistern. Die meisten dieser Aktionen misslangen. Immer wieder sah ich einen Kopf im Wasser verschwinden, noch ein paar Luftblasen und dann gar nichts mehr.

Nachdem wir zum zweitenmal am Westufer angelangt waren, wurden auch wir angewiesen, uns auf die höher gelegene Straße zu begeben. Der Weg dorthin führte über zwei Terrassen, wobei auf die obere, von der Straße aus, kein Sichtkontakt bestand. Hier angekommen, legten wir uns erst einmal in die Sonne, um uns zu trocknen und uns zu erholen. Der 7. Mai 1945 war ein schöner warmer Frühlingstag. Von diesem sicheren Ort aus beobachteten wir, wie auf der anderen Seite weitergekämpft wurde. Wir sahen das Mündungsfeuer der russischen Kanonen und die zum Kampf gezwungenen deutschen Soldaten. Dies war ein furchtbarer Anblick. Nach einer Stunde Ruhe machten wir uns auf zur Straße und somit in amerikanische Gefangenschaft. Auf der anderen Seite wurde noch bis ca. 17 Uhr (!) weitergekämpft. Die Russen drangen bis zur zerstörten Elbbrücke vor. Dann war Ruhe. Jetzt war auch auf der östlichen Seite der Krieg beendet. Wie viele der bis zuletzt kämpfenden deutschen Soldaten dieses Inferno noch überlebten, vermag ich nicht zu sagen. Eines aber ist sicher: Dieser 7. Mai 1945 war eine Tragödie!

Aus: Wilhelm Haas, Meine Jugend unterm Hakenkreuz, Gomaringen 1997, Seite 50–54.

● ● ● ● ●

👁 **Welche Leiderfahrungen machte dieser junge deutsche Soldat?**

👁 **Warum hat dieser Soldat seine Erlebnisse erst 50 Jahre später aufgeschrieben?**

👁 **Warum versuchten die deutschen Soldaten unbedingt die Elbe zu überqueren um in amerikanische Gefangenschaft zu gelangen?**

👁 **Wer war für das Leid im Zweiten Weltkrieg verantwortlich?**

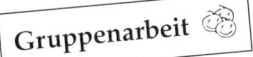

Gruppe 3: Leid im Konzentrationslager (1)

Lest den Text sorgfältig durch und bearbeitet die Aufgaben dazu. Anschließend gebt ihr den anderen Gruppen eine kurze und verständliche Inhaltsangabe des Textes und eine Zusammenfassung eurer Diskussionen und Ergebnisse.

„Unternehmen Wüste" Hitlers letzte Hoffnung

Die langen Kriegsjahre waren nicht spurlos am Deutschen Reich und seiner Wirtschaft vorbeigegangen: Ein enormer Verschleiß an Kriegsmaterial, permanente Bombardierung deutscher Industrieanlagen durch die Alliierten (90% aller Treibstofflager und Betriebe zur synthetischen Ölherstellung wurden so zerstört). Ausfall der rumänischen Öllieferungen im Sommer 1944. Dies alles bewirkte eine deutliche Schwächung des nationalsozialistischen Wirtschaftssystems. Es war nun notwendig, dem Mangel an Mineralöl, das zum wichtigsten Rohstoff überhaupt geworden war, abzuhelfen: [...] Das nötige Öl sollte durch den Abbau des Posidonienschiefers im Bereich der Westalb (zwischen Tübingen, Balingen und Spaichingen) gewonnen werden. Der Schieferabbau sollte in eigens dafür errichteten Arbeitslagern erfolgen. Auf besonders günstigem Gelände sollten bis Oktober '44 zehn solcher Produktionsstätten fertiggestellt sein; so z.B. in Nehren, Engstlatt, Dormettingen und Bisingen. [...] Für das Unternehmen „Wüste" stellte die SS in sieben Konzentrationslagern insgesamt über 10.000 Häftlinge zur Verfügung, die als billige Arbeitskräfte in den Ölschieferwerken ausgebeutet wurden. [...] Eines dieser Lager war das Konzentrationslager Bisingen, das im August 1944 eingerichtet und dem „Unternehmen Wüste" zugeordnet worden war.

Aus: Horst Prautzsch, Ines Mayer, Das KZ Bisingen. Eine Dokumentation. Gewidmet den Opfern der Intoleranz, (3. Auflage) Bisingen 1996, S.9.

Gedenktafel auf dem KZ-Friedhof Bisingen

Die Behandlung der Häftlinge

Die grausamen, unmenschlichen und todbringenden Zustände des Lagers fanden ihren Gipfel in der Behandlung der Häftlinge durch die SS-Wachmannschaften. Obwohl es den SS-Unterführern verboten war, Häftlinge zu prügeln (Prügelstrafen mussten vom Reichssicherheitshauptamt genehmigt werden), wurden Häftlinge permanent misshandelt, und von den vorgesetzten SS-Führern wurde dies stillschweigend geduldet. Ein ehemaliger Häftling des KZ-Bisingen berichtet:

„In diesem Lager habe ich mehrfach gesehen, dass er mit Stöcken auf Häftlinge einschlug, die nicht mehr gehen konnten. Ich weiß auch, dass viele Häftlinge an den Folgen dieser Stockschläge gestorben sind ..." Ein anderer Häftling berichtet: *„Ich bin einmal geschlagen worden von einem SS-Mann mit einem Hund ... Der wollte mich auf einer Baustelle zwingen, meinen eigenen Kot zu essen. Als ich mich weigerte, schlug er mich."* Wenn vom Reichssicherheitshauptamt eine „Genehmigung" für eine Prügelstrafe vorlag, wurde sie in der Küche vollzogen. *„Dort befand sich ein Holzblock.*

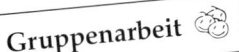

Gruppe 3: Leid im Konzentrationslager (2)

Nun musste man die Hose herunternehmen und sich über den Holzblock legen. Dann wurde ein Häftling befohlen, der mit einem Stock oder Lederriemen auf den Betroffenen einschlagen musste. Der Betroffene musste die Schläge laut mitzählen. Im Durchschnitt gab es 25 Schläge. Wenn ein Häftling nicht genug zuschlug, zeigte Hofmann, wie es gemacht wird." „Wer bei der schweren Arbeit vor Schwäche und Hunger zusammenbrach, wurde von SS-Wachleuten oder auch manchem Kapo brutal geschlagen. Flüchtlinge fing man in organisierten Menschenjagden wieder ein. Sie wurden entweder schon auf dem Wege ins Lager erschossen oder später vor den versammelten Häftlingen gehängt." Eine andere Art der Bestrafung beschreibt Korn: „... ein Fall ..., wo ein Häftling im Lager Bisingen mit einem umgehängten Schild am Eingang stehen musste. Soweit ich mich erinnern kann, lautete die Aufschrift auf dem Schild sinngemäß „Ich wollte fliehen, ich werde es nie wieder tun". Dieser Häftling musste bei starker Kälte die ganze Nacht im Freien stehen und war am darauffolgenden Morgen tot." Für die kleinsten Vergehen wurden Todesstrafen verhängt.

Aus: Horst Prautzsch, Ines Mayer, Das KZ Bisingen. Eine Dokumentation. Gewidmet den Opfern der Intoleranz, (3. Auflage) Bisingen 1996, S. 16/17.

👁 **Was bedeutet „Unternehmen Wüste"?**

👁 **Zu welchen Aufgaben wurden die KZ-Häftlinge hier gezwungen?**

👁 **Wer ist für das Leid im KZ verantwortlich?**

👁 **Warum fügen Menschen anderen Menschen Leid zu?**

👁 **Welchen Aussagen über die Ursache menschlicher Aggression kannst du zustimmmen? Kreuze an:**

○ **Der Mensch ist von Natur aus ungesellig. Neid, Missgunst, gegenseitige Konkurrenz und Ruhmsucht führen zu einem Krieg eines jeden gegen jeden. (Thomas Hobbes)**

○ **Der Mensch hat einen angeborenen Widerwillen andere Menschen leiden zu sehen. Erst die Gesellschaft bringt die bösen Leidenschaften hervor. (Jean-Jacques Rousseau)**

○ **Aggression ist die Folge einer Frustration. (John Dollard)**

○ **Aggression wird wie jedes andere Verhalten durch Nachahmung und Erfahrung gelernt. (Albert Bandura)**

Ein Klagepsalm:

„Wo das Öl wichtiger wird
als ein Menschenleben
Wo Menschenleben
nur noch berechnet werden
nach Materialwerten
Wo solches Menschenmaterial
weniger wiegt als ein paar Tropfen Öl
Da liegen die Höllen der Erde
nicht erst im Jenseits
und nicht nur in Auschwitz, das fern liegt
Dein Auge sei wach
gleich hinter deinem Dorf findest du die Höllen
Namen sind austauschbar
Aber immer schwingt mit: Krieg und Gewinn"

Gerhard Lempp: Haltepunkt Eckerwald, 14. Klagepsalm, in: Michael Grandt, Unternehmen Wüste. Hitlers letzte Hoffnung. Das NS-Ölschieferprogramm auf der Schwäbischen Alb, Tübingen, 2002, S. 5 (Einband).

👁 **Was bedeutet „Hölle auf Erden"?**

👁 **Wo erleben Menschen auch heute noch die „Hölle auf Erden"?**

👁 **Leid entsteht durch „Krieg und Gewinn". Frieden entsteht durch ...**

👁 **Schau dir das Mahnmal genau an. Was denkt sich dieser Häftling? Worauf hofft er? Wohin richtet er seinen Blick?**

*Das Mahnmal
in Eckerwald*

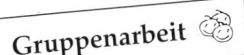

Gruppe 4: Leid durch einen Unfall (1)

👁 Lest den Text sorgfältig durch und bearbeitet die Aufgaben dazu. Anschließend gebt ihr den anderen Gruppen eine kurze und verständliche Inhaltsangabe des Textes und eine Zusammenfassung eurer Diskussionen und Ergebnisse.

Das ICE-Unglück am 3. Juni 1998: Ökumenischer Trauergottesdienst für die Opfer

**Liebe Trauergemeinde,
verehrte Angehörige der Verstorbenen,**

vierzehn Tage sind es her, dass durch das schwere Eisenbahnunglück bei Eschede einhundert Menschen in den Tod gerissen und über achtzig zum Teil schwer verletzt worden sind. Die Mehrzahl der Todesopfer und der Verletzten stammt aus Bayern. Erwartungsvoll waren sie am Morgen des 3. Juni in München, Augsburg, Nürnberg oder Würzburg in den ICE „Wilhelm Conrad Röntgen" eingestiegen, um in den Urlaub zu fahren, um Verwandte zu besuchen oder beruflichen Verpflichtungen nachzukommen. Ein Augenblick des Schreckens hat ihr Leben ausgelöscht oder durch Verletzungen spürbar verändert. Die Bilder des Grauens werden lange in unserem Gedächtnis bleiben. Die Stunden des Bangens, liebe Angehörige, werden Sie nie vergessen und erst recht nicht den Augenblick, in dem Sie die Hiobsbotschaft vom Tod lieber Menschen erreicht hat.
Wir verstehen Ihren tiefen Schmerz und wollen ihn mit Ihnen teilen. Wir fühlen mit Ihnen. Wir bringen Ihre Klage in dieser Stunde gemeinsamer Trauer vor Gott. Auch die Hoffnung derer nehmen wir auf, die um die Genesung ihrer Angehörigen noch bangen.

Wir versuchen, in Worte zu fassen, was Ihnen seit dem 3. Juni durch Herz und Sinne gegangen ist, was uns alle seit dem furchtbaren Unglück bewegt. Aber finden wir dafür Worte? „Ich schreie, aber meine Hilfe ist ferne!" So bricht es aus dem Herzen des Psalmisten heraus. Ich schreie, Tag und Nacht! Aber du kümmerst dich nicht darum! Für einhundert Menschen in den zerstörten Waggons kam jede Hilfe zu spät. Warum musste das passieren? Warum musste ein defekter Radreifen ein Unglück von so grauenhaftem Ausmaß auslösen? Warum hat Gott das zugelassen? Warum?
So fragen in Stunden der Verzweiflung viele.

Alle Erklärungsversuche, die wir anstellen, enden in Sprachlosigkeit. Spürbar werden wir an die Grenzen des Verstehens gestoßen. Schmerzhaft ist es, dass sich Entscheidendes dem menschlichen Erklären entzieht. Auch für Christen ist das so. Wir stehen vor Rätseln des Lebens und sind fassungslos. Wir stehen vor einem unbekannten Gott, der sein gütiges Antlitz vor uns verbirgt.

Auch in solchen dunklen Situationen, in denen wir keine Antwort wissen, dürfen wir dennoch vor Gott unser Herz ausschütten. Wir dürfen weinen und vor ihm klagen, ja ihn sogar anklagen. „Mein Gott, mein Gott, warum hast du mich verlassen?"
So zu rufen, ist besser, als sich in stummes Leid zu verkriechen.

Schließen wir in diese Klagegebete die mit ein, denen es unmöglich ist, zu beten, deren Herz und Mund verschlossen bleiben. Denken wir in Dankbarkeit an die Helfer, an die Männer und Frauen, die in den Stunden des Grauens eine Aufgabe zu erfüllen hatten, die menschliche Kraft übersteigt. Ihnen ist Kraft zugewachsen. Dafür danke ich Gott, dass er Kräfte gibt, wo wir an Grenzen stoßen.

> Wir trauern um unseren Freund
>
> # Michael Krüger
>
> der durch einen tragischen Unfall
> ums Leben kam.
>
> Wir vermissen dich sehr
> Klaus, Ulla, Patrick, Jan und Britta

Gruppe 4: Leid durch einen Unfall (2)

Über die Ursachen des Unglücks wurde in unserem Land bis gestern heftig diskutiert. Zweifellos war es nötig, die Fehlerquellen aufzuspüren, um künftiges Unglück zu vermeiden. Die bohrenden Fragen in uns haben jedoch eine andere Dimension.

Zu deutlich spüren wir, dass es keine letzte Sicherheit gibt. Das rumort in uns. Unser Reden vom Restrisiko, das wir auf uns nehmen müssen, beschönigt dies. Schmerzhaft müssen wir erkennen, dass unser Leben auch in einer hochtechnisierten Zeit nicht in unseren Händen liegt. „Meine Tage sind wie eine Hand breit vor dir, mein Gott, und mein Leben ist wie nichts vor dir!" Diese Einsicht der Bibel ist nach wie vor gültig. Dass alles machbar, alles beherrschbar ist, dass wir alles im Griff haben, das hat sich im Augenblick des Schreckens als Wahn herausgestellt.

Wir fragen nach dem Sinn. Gott ist die Adresse, an die wir uns wenden. Der verborgene Gott, an dem Martin Luther fast zerbrochen ist, tritt uns gegenüber. Auch eine noch so tiefgründige Theologie kommt an der Erfahrung des verborgenen Gottes nicht vorbei. Sie ist es, die uns im Angesicht des Unglücks von Eschede am meisten zu schaffen macht.

Wir sind mit dieser Erfahrung nicht allein. „Mein Gott, mein Gott, warum hast du mich verlassen!" Mit diesen Worten ruft Jesus am Kreuz nach seinem Vater.

Viele kennen sie aus der Matthäuspassion. In der Finsternis des Kreuzes sucht Jesus Christus Gottes Gegenwart. Sein Gebetsruf durchdringt die Gottverlassenheit. Darin liegt der Trost seines Kreuzes. Das Kreuz ist nicht nur Sinnbild menschlichen Leides. Es ist Zeichen dafür, dass Christus uns als Bruder zur Seite steht und nicht von uns weicht, wenn wir keinen Sinn erkennen. Kein Leid, kein Schmerz, selbst nicht der Tod kann uns von ihm trennen.

Psalm 22,2–3
Mein Gott, mein Gott, warum hast du mich verlassen? Ich schreie, aber meine Hilfe ist ferne. Mein Gott, des Tages rufe ich, doch antwortest du nicht, und des Nachts, doch finde ich keine Ruhe.

Landesbischof D. Hermann von Loewenich (vgl. auch www.notfallseelsorge.de)

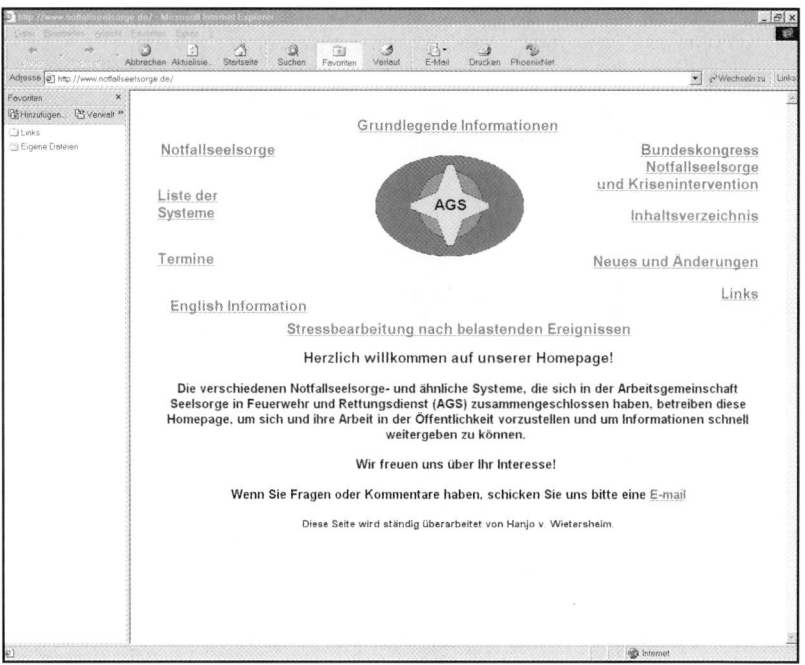

👁 Suche nach Informationen zum ICE-Unglück vom 3. Juni 1998. Welche Ursache hatte dieser Unfall?

👁 Warum lässt Gott das zu? Welche Antwort kann Landesbischof D. Hermann von Loewenich geben?

👁 An wen richtet der Landesbischof seine Klage?

👁 Welche Hoffnung kommt in dieser Trauerrede zum Ausdruck?

👁 Wie beurteilst du diese Aussage: „Wir müssen erkennen, dass unser Leben auch in einer hochtechnisierten Zeit nicht in unseren Händen liegt."?

👁 In wessen Händen liegt unser Leben?

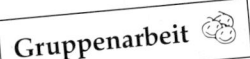

Gruppe 5: Leid durch Krankheit (1)

👁 **Lest den Text sorgfältig durch und bearbeitet die Aufgaben dazu. Anschließend gebt ihr den anderen Gruppen eine kurze und verständliche Inhaltsangabe des Textes und eine Zusammenfassung eurer Diskussionen und Ergebnisse.**

Krank, allein, abgewiesen – Das Schicksal einer SARS-Patientin in Peking

Als sie die ersten Anzeichen des Fiebers spürt, hat Cui Lei nur einen Gedanken: *„Hoffentlich ist es nicht SARS!"* Gerade haben die Pekinger Behörden erstmals zugegeben, dass die gefährliche Lungenentzündung bereits viel weiter in der Hauptstadt verbreitet ist, als bislang bekannt war.

Die Panik, die Chinas Hauptstadt an diesem Tag [...] erfasst, hat das Dorf Dongxu Xincu noch nicht erreicht. Hier absolviert die 28-jährige Cui ein Praktikum in einem Institut für autistische Kinder. Obwohl es Gerüchte gegeben hat, fühlten sich die Mitarbeiter hier sicher, 25 Kilometer vom Zentrum entfernt.

„Damals hieß es, die Krankheit sei auf die Stadt beschränkt", erinnert sich die Leiterin des Instituts, Tian Huiping: *„Wir dachten: Peking ist weit weg!"*

Die Hoffnung sollte sich nicht erfüllen: Die Praktikantin ist am Schweren Akuten Atemwegssyndrom SARS erkrankt. [...] Als Cui an jenem 21. April zu ihrer Chefin geht, ahnt sie Schlimmes. Mehrere Angehörige ihres Vermieters sind bereits an Fieber erkrankt. Nun steigt bei ihr die Temperatur – erst sind es 37 Grad, dann über 38.

„Als ich das hörte, bekam ich schreckliche Angst", sagt Tian. Denn in ihrem Institut ging gerade ein Drei-Monats-Kurs zu Ende, an dem 50 autistische Kinder mit ihren Eltern teilgenommen hatten. Die Gruppe bereitete sich darauf vor, in den nächsten Tagen per Flugzeug und Zug in alle Teile Chinas heimzureisen. Tians Sorge: Sie könnten das Virus verbreiten. [...] Eilig wählt Tian die Telefonnummern der SARS-Notrufe, die in den Nachrichten genannt wurden. *„Irgendjemand musste mir doch sagen können, wie ich mich verhalten soll"*, sagt sie. Aber sie erreicht niemanden, alle Nummern sind ständig besetzt.

Am nächsten Tag fiebert die Praktikantin immer noch. Tian rät ihr, ins Sino-Japanische Freundschaftshospital von Peking zu fahren, das zu den besten der Stadt zählt. Stundenlang wartet Cui, eng gedrängt zwischen anderen Patienten. Wie sich später erweist, stecken sich in diesen Tagen in den Pekinger Krankenhaus-Wartesälen hunderte Menschen gegenseitig an. Doch für Cui heißt die Diagnose: kein SARS.

Cui kehrt ins Dorf zurück. Am Abend geht es ihr schlechter. Sie entscheidet sich abzuwarten. In der Nacht erkranken bei ihrem Vermieter weitere Angehörige: Verdacht auf SARS. Am nächsten Morgen geht Cui Lei erneut zum Arzt, diesmal in einem anderen Krankenhaus im Zentrum Pekings, dem Xiehe. Obwohl sie vom SARS-Verdacht ihrer Gastfamilie berichtet, wird sie weggeschickt: Sie habe kein SARS. In einem dritten Hospital soll die fiebernde Frau sich chinesische Medikamente kaufen. Nach Hause kann Cui nicht zurückkehren, denn der Ortsbürgermeister verwehrt ihr aus Angst vor Infektion den Zutritt zum Dorf. Schließlich nimmt das allgemeine Gemeindekrankenhaus sie auf. [...]

Am nächsten Tag beginnt Cui, die inzwischen in der örtlichen Klinik als „SARS-Verdachtsfall" eingestuft worden ist, Blut zu spucken. Draußen läuft derweil der Propaganda-Apparat warm. Die Partei versucht, Unruhen in der Stadt zu verhindern. Alle SARS-Patienten sollen nur in bestimmte Hospitäler kommen. Und: Kein SARS-Patient dürfe abgewiesen werden.

Als Tian ihre Mitarbeiterin in ein offizielles SARS-Krankenhaus bringen will, muss sie allerdings erfahren, dass die Verlautbarungen nicht der Wirklichkeit entsprechen: Die Gemeindeklinik will die Patientin nicht freigeben, obwohl sie ihr nicht helfen kann.

Mittlerweile erfährt Cui, der das Atmen immer schwerer fällt, dass ihr Vermieter an SARS gestorben ist. Tian bemüht sich weiter, ein besseres Hospital für ihre Mitarbeiterin zu finden. [...] Das Pekinger You'an wird die fünfte Klinik, in der Cui Hilfe sucht. Doch dort weigern sich die Ärzte, sie aufzunehmen. *„Mein Vermieter ist gerade an SARS gestorben"*, keucht sie – vergeblich. Die Mediziner schicken die Kranke, die ganz allein ist, auf die Straße zurück. In höchster Angst ruft sie über Handy ihre Chefin an. Die hört nur Weinen und schweren Atem. Dann bricht die Verbindung ab. Eine Stunde später, es ist bereits spät am Abend, ist Cui wieder am Apparat. Auch das sechste, das Xiehe-Krankenhaus, hat sie abgewiesen.

Dass die junge Frau die Tortur überlebt, verdankt sie der Hartnäckigkeit ihrer Chefin und deren Beziehungen zu einflussreichen Leuten. Kurz vor Mitternacht schaltet Tian einen ausländischen Geschäftsmann ein, der ihr Institut seit Jahren finanziell unterstützt. Er nutzt seine guten Verbindungen zu hochrangigen Funktionären.

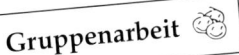

Gruppe 5: Leid durch Krankheit (2)

Mitten in der Nacht ruft er sie an, schildert den Fall, droht mit der westlichen Presse. Mit Erfolg: Cuis Krankenwagen fährt erneut zum You'an-Hospital. Dort ist plötzlich doch ein Bett frei. Dann ein neuer Schrecken: Das Krankenhaus fordert am nächsten Morgen von Cui einen Vorschuss von 8000 Yuan (knapp 1000 Euro) – obwohl die Regierung öffentlich verspricht, SARS-Patienten würden gratis versorgt. Das You'an droht ihr, die Behandlung sofort abzubrechen, falls sie nicht zahle. 8000 Yuan – so viel verdienen viele Chinesen im ganzen Jahr nicht. Cui stammt aus einer armen Familie. Sie hat, wie die meisten Chinesen, keine Krankenversicherung. Die erschöpfte Frau ruft ihre Schwester an, um das Geld aufzutreiben. Die weiß nicht, woher sie es nehmen soll. [...] Tian springt ein und schickt die Gebühren noch am selben Morgen ins Krankenhaus. Cui wird an ein Beatmungsgerät angeschlossen. Durch die Intervention ihrer ausländischen Freunde ist die Kunde von Cuis Schicksal bis an die Regierungsspitze gedrungen. An diesem Nachmittag tauchen plötzlich Vertreter der Gesundheitsbehörden im Institut auf. Staats- und Parteichef Hu Jintao habe sich persönlich der Sache angenommen, erklären sie. [...]

Tians selbst auferlegte Quarantäne neigt sich dem Ende zu. Ihre junge Praktikantin liegt nach wie vor im Hospital. Es geht ihr etwas besser. Trotz der „Fürsprache" des Präsidenten hat das Hospital den Vorschuss von 8000 Yuan einbehalten.

Noch ist unklar, wann Tian ihr Institut wiedereröffnen und ob es überhaupt weiterarbeiten kann. Da die Einnahmen ausbleiben, fehlt das Geld für die Miete und die Gehälter ihrer 20 Mitarbeiter. „Ich weiß nicht, wie es weitergeht", sagt Tian.

Jutta Lietsch, in: die tageszeitung 17./18.5.2003

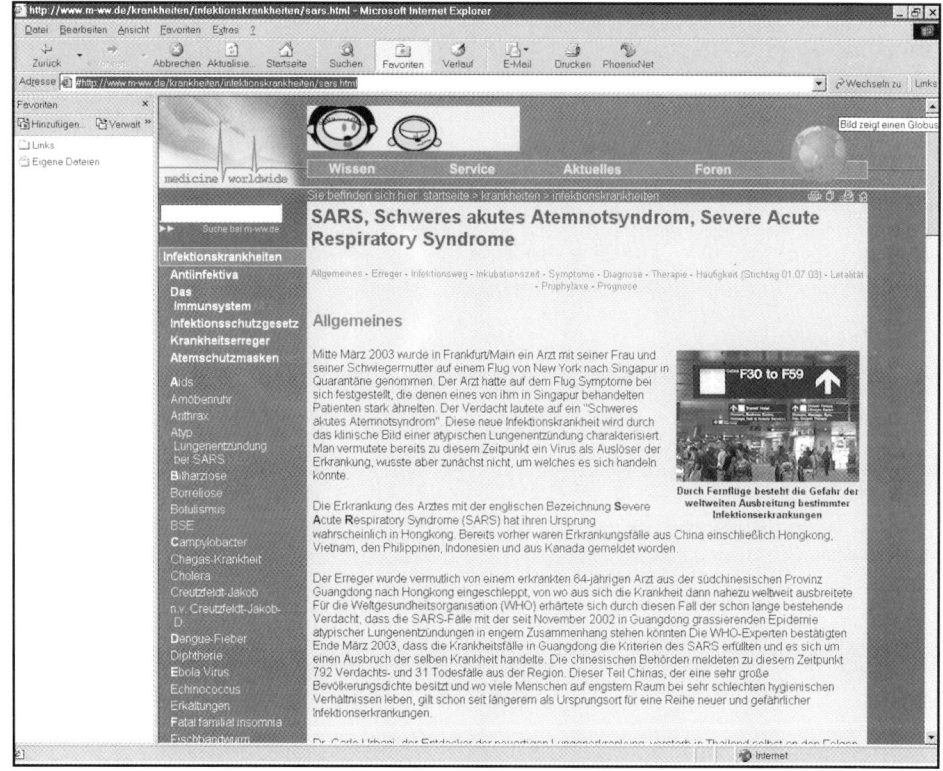

🔎 **Informiere dich über SARS. (Tipp: mehr Infos findest du im Internet z.B. unter: www.auswaertiges-amt.de/www/de/laenderinfos/gesundheitsdienst/ merkblatt/sars_html und www.m-ww.de/krankheiten/ infektionskrankheiten/sars.html)**

🔎 **Welche Probleme entstehen für Tian und ihr Institut durch Cuis Erkrankung?**

🔎 **Was ist alles notwendig, damit Cui schließlich geholfen wird?**

🔎 **Aus welchen Gründen wird Cui zunächst nicht geholfen?**

Leid-ABC

Schreibe zu jedem Buchstaben einen Begriff auf,
den du mit Leid oder Leiden verbindest .

A _____

B _____

C _____

D _____

E _____

F _____

G _____

H _____

I _____

J _____

K _____

L _____

M _____

N _____

O _____

P _____

Q _____

R _____

S _____

T _____

U _____

V _____

W _____

X _____

Y _____

Z _____

Kinder auf der ganzen Welt leiden (1)

Leid erfahren Kinder und Jugendliche auf der ganzen Welt. Von UNICEF stammen die folgenden Einschätzungen:

Bildung

Rund 110 Millionen Kinder, davon zwei Drittel Mädchen, gehen nicht zur Schule. Schlechte Ausbildung ist eines der größten Hindernisse für die wirtschaftliche Weiterentwicklung eines Landes – ein Teufelskreis der Armut. Unicef schätzt, dass sechs Milliarden Dollar ausreichen würden, um allen Kindern der Welt den Besuch einer Schule zu ermöglichen. Zum Vergleich: Die Investitionskosten für Euro-Disneyland lagen bei 5,5 Milliarden Dollar.

👁 **Warum gehen 110 Millionen Kinder nicht in die Schule?**

👁 **Welche Chancen hätten diese Kinder, wenn sie eine Schulbildung hätten?**

👁 **Viele Kinder und Jugendliche in ärmeren Ländern wünschen sich, in die Schule gehen zu dürfen. Aber oft gibt es dort zu wenig oder gar keine Schulplätze. In Deutschland bekommt jeder Schüler einen Platz in der Schule. Aber hier haben viele Schüler wenig Lust, in die Schule zu gehen. Warum ist das so?**

Kinderarbeit

Weltweit müssen ungefähr 250 Millionen Kinder im Alter zwischen 5 und 14 Jahren unter ausbeuterischen und oft gefährlichen Bedingungen arbeiten. Solche Arbeit beeinträchtigt ihre Gesundheit und ihre körperliche Entwicklung, hindert sie an der Entfaltung ihrer Fähigkeiten und lässt ihnen weder Zeit noch Kraft für den Schulbesuch. Eine der schlimmsten Formen der Ausbeutung von Kindern ist die Schuldknechtschaft. Viele Kinder werden wie Leibeigene gehalten. So vermutet die Internationale Arbeitsorganisation ILO beispielsweise, dass in Indien etwa 10 Millionen Kinder meist durch Überschuldung der Eltern in eine sklavenartige Abhängigkeit zu Grundbesitzern, Gläubigern oder Arbeitgebern geraten sind. In vielen Fällen sind diese Kinder Misshandlungen, unmenschlichen Arbeitsbedingungen, grausamen Strafen, Folter und sogar Tötungen schutzlos ausgeliefert.

👁 **Warum müssen so viele Kinder unter ausbeuterischen und gefährlichen Bedingungen arbeiten?**

👁 **Informiere dich: Welche Arbeiten müssen diese Kinder verrichten? Wer profitiert von dieser Kinderarbeit?**

👁 **Was bedeutet „Schuldknechtschaft" und „Leibeigene"?**

👁 **Was denkst du: Wieviel Freizeit haben diese Kinder?**

👁 **Welche Arbeiten musst du zu Hause verrichten?**

👁 **Könntest du dir ein Leben ohne Freizeit vorstellen?**

Tipp: Weitere Informationen zum Leid von Kindern auf der ganzen Welt findest du unter www.unicef.de

Kinder auf der ganzen Welt leiden (2)

Kinder im Krieg

Unter Kriegen und Bürgerkriegen leiden Kinder in besonderer Weise. Sie werden getötet, zu Waisen gemacht und müssen als Soldaten die Kriege der Erwachsenen führen. Kindersoldaten gelten als besonders gehorsam, zuweilen sogar als besonders grausam. Durch die Zerstörung von Gesundheitseinrichtungen und den Zusammenbruch der Nahrungsmittelversorgung verlieren auch die Kinder ihre Lebensgrundlagen. Als Flüchtlinge oder Vertriebene sind sie nicht in der Lage, für sich selbst zu sorgen, und deshalb besonders gefährdet. Wenn sie überleben, leiden viele von ihnen ein Leben lang unter Verletzungen, dem Verlust naher Verwandter oder der Traumatisierung durch im Krieg erlebte Gräuel.

👁 **Warum gelten Kindersoldaten als besonders grausam?**

👁 **Hast du eigene Erfahrungen gemacht, wo Kinder zu dir oder anderen grausam waren?**

Sexuelle Ausbeutung

Eine besonders widerliche Form der Ausbeutung von Kindern ist die Prostitution. Verbrecherringe verdienen mit Kinderprostitution, Kinderhandel und Kinderpornografie Milliardensummen. UNICEF geht davon aus, dass jedes Jahr mehr als zwei Millionen Kinder zur Prostitution gezwungen werden. Doch dies sind bloß Schätzungen; die Dunkelziffer ist hoch, wirklich zuverlässige Zahlen gibt es nicht. Noch weniger lässt sich beispielsweise abschätzen, wie viele jugendliche Dienstmädchen sexuell missbraucht werden.

👁 **Was glaubst du, warum sexueller Missbrauch von Kindern so häufig vorkommt?**

👁 **Welche Auswirkungen könnten solche Erfahrungen für das spätere Leben dieser Kinder haben?**

AIDS

Die Immunschwächekrankheit AIDS trifft immer mehr junge Menschen. Ein Drittel der HIV-Infizierten ist zwischen 15 und 24 Jahre alt. In den Industrieländern ist es weitgehend gelungen, die Krankheit zu kontrollieren. In Asien und in den Republiken der früheren Sowjetunion dagegen breitet sich die Infektion weiter aus. Am schlimmsten aber steht es in Afrika. Von weltweit 36 Millionen HIV-Infizierten *(Stand 2001)* leben allein 25,3 Millionen, also rund 70%, südlich der Sahara. In Afrika sterben heute zehnmal mehr Menschen an AIDS als in Kriegen. Die Immunschwächekrankheit macht mühsam errungene Entwicklungserfolge zunichte. 16 Millionen Kinder und Jugendliche haben Vater oder Mutter durch eine AIDS-Erkrankung verloren. Bis 2010 wird diese Zahl auf über 30 Millionen steigen. Die Versorgung von AIDS-Waisen stellt die Menschen in vielen Ländern Afrikas vor große Probleme.

👁 **Warum ist die Krankheit in den Industrieländern nicht so weit verbreitet?**

👁 **Wie könnte an AIDS erkrankten Menschen geholfen werden?**

👁 **Wie kann man die Verbreitung von AIDS eindämmen?**

Kinder auf der ganzen Welt leiden (3)

So viel Prozent der Jugendlichen zwischen 15 und 19 Jahren wissen nicht,
wie sie sich vor Aids schützen können:

Land	%
Somalia	99 %
Sudan	98 %
Madagaskar	95 %
Senegal	90 %
Angola	88 %
Togo	80 %
Burundi	76 %
Kenia	74 %
Tansania	74 %
Surinam	73 %
Uganda	72 %
Dominikanische Republik	67 %
Malawi	66 %
Kambodscha	63 %

Quelle: UNICEF, Zur Situation der Kinder in der Welt 2003

Buchtipp: *Henning
Mankell, Der Chronist
der Winde, dtv 1995*

*Nelio, ein Straßenkind in
Afrika, ist zehn Jahre alt
und dennoch ein Greis.
Er ist vertrieben worden
aus seinem Dorf, hat
zusehen müssen, wie
angeblich revolutionäre
Banden seine Schwester
getötet haben, ist durch
den Dschungel in die
Großstadt geflohen.
Dort schließt er sich einer
Gruppe von Straßenkin-
dern an und wird zu ihrem
Anführer. Es gibt vieles,
das sie verbindet: nichts
zu besitzen, mit Wider-
willen in die Welt geboren
und hinausgeworfen zu
sein in ein Elend, das
grenzenlos ist.*

👁 **Wenn in Somalia 99 von 100 Jugendlichen nicht wissen, wie sie sich
vor Aids schützen können, was bedeutet das für die Entwicklung dieser
Krankheit?**

👁 **Schau im Atlas nach, wo diese Länder liegen. Was fällt dir auf?**

👁 **Warum fehlt diesen Jugendlichen dieses Wissen?**

Grundrechte für Kinder?

Projektvorschlag: 💡 **Wie könnte all diesen Kindern geholfen werden?**

💡 **Welche Rechte sollten alle Kinder auf dieser Welt haben?
Erstellt eine Liste mit zehn Grundrechten für Kinder.**

💡 **Es gibt bereits Grundrechte für Kinder. Sucht im Internet
nach den UN-Kinder-
rechten und ver-
gleicht sie mit „euren"
Grundrechten.**

💡 **Welche Rechte
hast du? Zu Hause,
in der Schule, in der
Gesellschaft?**

💡 **Welche Pflichten
hast du?**

Menschen leiden unter politischen Konflikten

Im Verlauf des Jahres 2002 werden 173 politische Konflikte geführt. Davon sind 13 Kriege und 29 ernste Krisen. Insgesamt werden demnach 42 Konflikte überwiegend gewaltsam ausgetragen. Diesen stehen 131 vornehmlich gewaltfreie Auseinandersetzungen gegenüber, die sich in 52 Krisen und 79 latente Konflikte aufgliedern. Jeder vierte Konflikt wird mit Gewalteinsatz geführt. Acht Konflikte werden neu aufgenommen, zwei davon – Madagaskar und Indien *(Gujarat)* – werden gewaltsam ausgetragen. Zwölf Dispute können als beendet betrachtet werden.

Quelle: Heidelberger Institut für Internationale Konfliktforschung HIIK e.V., **www.hiik.de**

Trage in der Weltkarte die aktuellen Konflikte ein (Krieg und ernste Krisen).
Folgende Internet-Adresse kann dir dabei behilflich sein: www.hiik.de

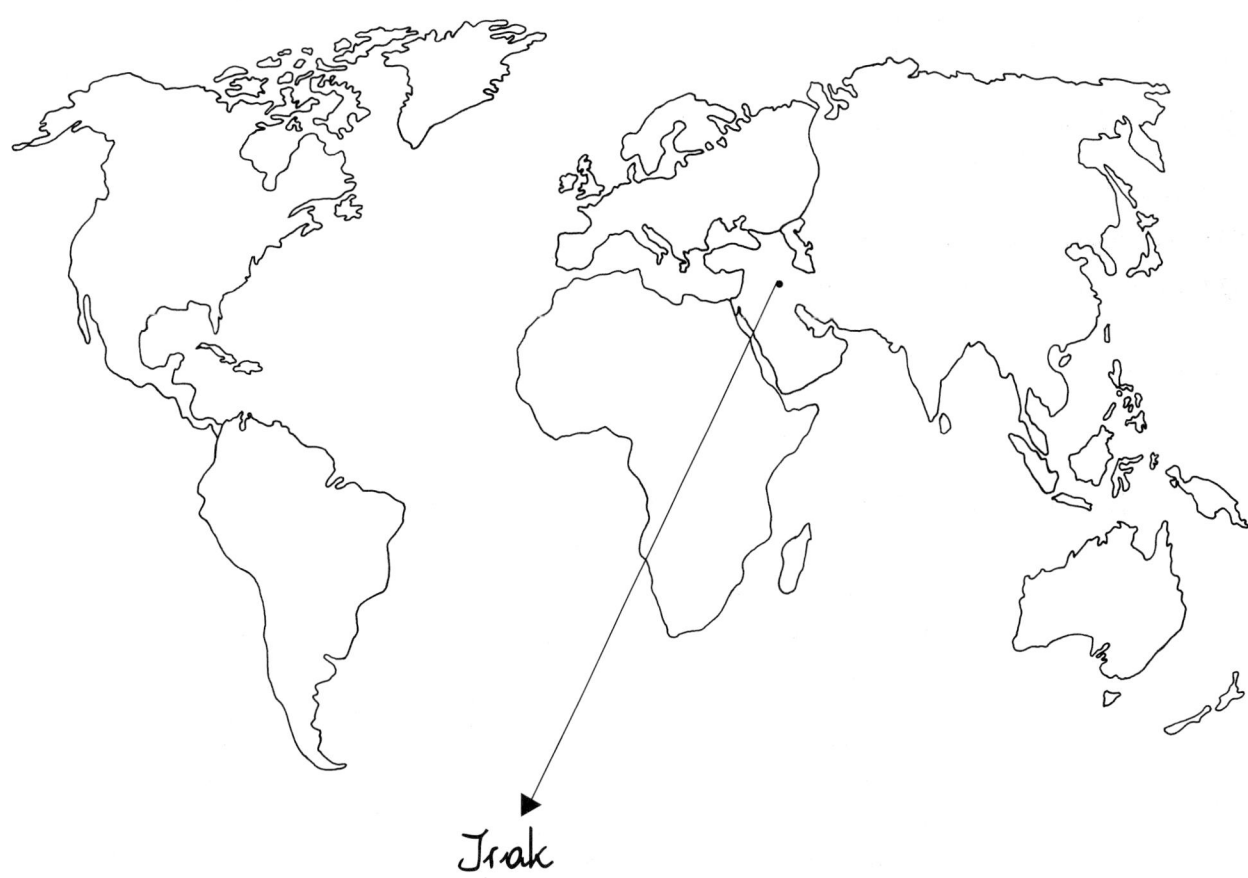

Irak

Kleiner Junge (Udo Lindenberg)

Als er ein kleiner Junge war
und mal nix essen wollte, sagte Ma,
dass viele Kinder hungrig sind und sterben.
Er war so geschockt und dachte: So'n Wahnsinn.
Und rannte zu seinem Sparschwein hin.
Da war sein ganzer Reichtum drin.
Mutter, wir müssen was tun!
„Mit deinen paar Groschen", sagte Ma,
„kriegst du diese Welt leider auch nicht klar.
Das ist hier nun mal so'n bekloppter Planet,
wo die Menschheit schon immer total durchdreht.
Daran wirst du dich gewöhnen. Damit muss man leben,
auch wenn es manchmal traurig macht."
Doch er beschloss, wenn ich groß bin, werde ich das ändern,
und heulte die ganze Nacht.

„WAS IST MIT GOTT?" Und Mutter sagt:
„Der hat den Himmel zugemacht. Ist abgereist. Ist ganz weit weg
und kümmert sich'n Dreck."
„UND WAS IST MIT DEM PAPST?" Und Mutter sagt:
„Der hat schon viele auf dem Gewissen.
Durch sein Pillenverbot kommen Babys zur Welt,
obwohl man weiß, dass sie gleich wieder sterben müssen."
„UND WAS IST MIT DEN POLITIKERN?"
„Viele von denen sind totale Verbrecher.
Sie lügen, betrügen und erklären den Krieg.
Machen Menschen zu Mördern und labern vom Sieg."

Kleine Jungs werden größer
und wenn's dann immer mehr um das Ego geht,
ist ein palästinensisches Flüchtlingsghetto
bald so weit wie der fernste Planet.
Doch bei ihm war das anders. Er wurde groß,
doch sein Gewissen wurd' nicht kleiner.
Und wenn er mal ausflippte, schrie und weinte im Büro, einfach so,
lachten sie ihn aus.
Psychiatrie – Irrenhaus, Psychiatrie – Irrenhaus

Und was ist mit Gott? Mit dem Papst, mit den Politikern, den Terroristen?
Und was ist mit dir?

Udo Lindenberg, CD: The Collection bzw. LP: Lindstärke 10, 1983

👁 Bevor du dir den Liedtext anguckst, schreibe zunächst folgenden Dialog in deinem Heft weiter:

Junge: „Ich mag mein Essen nicht."
Mutter: „In Afrika ..."

👁 Der Junge ist schockiert über den Hunger auf der Welt. Er möchte wissen, warum niemand etwas dagegen tut. Du bist seine Mutter. Beantworte die Fragen des Jungen.

Junge: „Was ist mit Gott?"
Mutter: „…"

Junge: „Und was ist mit dem Papst?"
Mutter: „..."

Junge: „Und was ist mit den Politikern?"
Mutter: „...!"

👁 Der Junge ist nun 20 Jahre älter. Wie denkt er jetzt über das Leid in der Welt? Was tut er dagegen?

👁 Udo Lindenberg beendet sein Lied mit der Frage: „Und was ist mit dir?" Schreibe auf, was du selbst gegen das Leid in der Welt tun kannst.

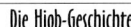

Leid um uns herum: Fallbeispiele

Jessica, 14 Jahre
Sie ist die beste Schülerin in der Klasse, trotzdem hat sie es nicht leicht. Es fällt ihr schwer, Freunde in der Klasse zu finden. Für viele ist sie nur die brave Streberin, die nichts anderes als Schule im Kopf hat. Sie leidet derart unter dieser Situation, dass sie oft gar nicht mehr in die Schule gehen möchte.

Yasemin, 11 Jahre
Beide Eltern kamen vor einem Jahr bei einem Autounfall ums Leben. Seither lebt sie in einem Kinderheim, in dem sie sich überhaupt nicht wohl fühlt. Sie kommt mit ihrem neuen Leben ohne Eltern nicht zurecht.

Jochen, 21 Jahre
Brach seine Ausbildung zum KFZ-Mechaniker ab, weil er mit seinem Meister überhaupt nicht zurechtkam. In dieser Zeit fing er an zu trinken. Seither geht ohne Alkohol gar nichts mehr. Aus diesem Grund hat er auch kaum eine Chance, einen neuen Job zu bekommen. Nun hat er große Angst vor der Zukunft.

Benjamin, 22 Jahre
Zog mit 20 bei seinen Eltern aus und richtete sich eine Wohnung ein. Außerdem kaufte er sich ein neues Auto. Natürlich wollte er auf seinen Urlaub nicht verzichten. Für all diese Investitionen musste er einen recht hohen Kredit aufnehmen. Nach einer gewissen Zeit musste er schmerzlich feststellen, dass er sich finanziell übernommen hat. Nach einem selbstverschuldeten Unfall (Totalschaden) weiß er nun nicht mehr, wie er seine Schulden zurückzahlen kann.

Sascha, 17 Jahre
Hat vor einem halben Jahr erfahren, dass er unheilbar krank ist. Die Ärzte sagen, er habe nur noch wenige Monate zu leben. Für Sascha hat dieses Leben keinen Sinn mehr. Er hat keinen Lebenswillen mehr.

Alexander, 18 Jahre
Er wurde mit einer Gehbehinderung geboren. Wenn seine Mitschüler sich sportlich betätigen, kann er nur zuschauen. Wenn er abends weg möchte, braucht er eine Begleitperson.

Melanie, 15 Jahre
Sie hat alles andere als ein Traumfigur. Ins Schwimmbad traut sie sich schon lange nicht mehr. Sie möchte gerne abnehmen, schafft es aber nicht. Wenn sie Kummer hat, isst sie besonders viel, vor allem Süßigkeiten.

Christoph, 18 Jahre
Er trägt immer die neuesten Klamotten und bekommt auch sonst fast alles, was er sich wünscht. Sogar ein neues Auto stand an seinem 18. Geburtstag vor der Tür. Er leidet jedoch darunter, dass seine Eltern so gut wie nie Zeit für ihn haben. Wenn er mit ihnen redet, hat er das Gefühl, dass sie ihm gar nicht richtig zuhören.

👁 Zieh eine Rollenkarte, fühl dich in die jeweilige Person ein und erzähl deinen Mitschülern von „deinem" Schicksal.

👁 Frag deine Mitschüler: Welches Schicksal findet ihr besonders schlimm und warum?

👁 Wie könnte diesen Personen geholfen werden? Versucht in einem Gespräch die Betroffenen zu trösten.

👁 Schreib einen Brief an einen der oben genannten Menschen und versuch ihm/ihr zu helfen.

👁 Welche Leiderfahrungen hast du schon gemacht?

Leid ist wie eine Mauer

Ängste und Leiderfahrungen sind oft wie eine Mauer, die uns die Sicht
auf die schönen Dinge des Lebens versperrt.

- 👁 Schreib deine Ängste und deine Leiderfahrungen in die einzelnen
  Mauersteine.

- 👁 Zerlege die Mauer mit einer Schere in ihre einzelnen Bausteine. Bau sie
  nun nach neuer Ordnung wieder auf: Überlege, welche deiner Leiderfahrungen und Ängste am schwersten wiegen, und baue daraus die
  Grundmauer. Die leichtesten Problemsteine setzt du nach oben.

- 👁 Nun kannst du beginnen, die Mauer Stück für Stück einzureißen:
  Drehe den ersten der obersten Steine um und male auf die Rückseite,
  was dich erwartet, wenn du diese Leiderfahrung oder Angst überwunden
  hast.

- 👁 Finde weitere Metaphern oder Bilder:
  Leid ist wie ...

Dilemma: Wenn Leid unvermeidbar ist

An einer Schule wurden mehrere Fensterscheiben eingeschlagen. Jan, ein 15-jähriger Schüler, gilt als Hauptverdächtiger. Alle Hinweise deuten auf ihn. Deswegen soll er von der Schule fliegen. Sein bester Freund Markus hat gesehen, dass die Tat in Wirklichkeit von einem anderen Schüler (Steffen) begangen wurde. Dieser Schüler ist als gewalttätig bekannt.
Wenn Markus seinem Freund hilft, bekommt er möglicherweise große Probleme mit dem wahren Täter; hilft er ihm nicht, fliegt sein Freund unschuldig von der Schule. Wie soll Markus sich entscheiden?

Jan: 15-jähriger Schüler. Er fiel in diesem Schuljahr schon einmal auf, weil er das Schulgebäude mit dummen Sprüchen beschmierte, in denen er zu allem Überfluss auch noch einen Lehrer beleidigte. Deswegen fiel der Verdacht schnell auf ihn. Er kann nicht beweisen, dass er unschuldig ist.

Markus: Geht in dieselbe Klasse wie Jan. Er ist Jans bester Freund und hat gesehen, dass Steffen die Fenster eingeschlagen hat. Er hatte zuvor schon Probleme mit Steffen, der schon einmal versucht hat, ihn zusammenzuschlagen.

Polizei: Die Hinweise der Polizei deuten alle auf Jan. Sie hat keine gegenteiligen Aussagen von Schülern bekommen.

Steffen: Er ist älter als Jan und Markus und hatte schon öfter Streit mit beiden. Er schlägt im Streit schnell zu und ist sich bewusst, dass alle Angst vor ihm haben.

Schulleiter: Er ist auf Jan wegen der beleidigenden Schmiereien schlecht zu sprechen. Er ist überzeugt davon, dass Jan der Täter ist, und möchte ihn von der Schule werfen.

Schüler: Keiner hat etwas gesehen. Viele halten Jan tatsächlich für den Täter. Andere haben Steffen im Verdacht, trauen sich aber auch nicht, etwas zu sagen.

Eltern von Jan: Auch sie glauben an die Schuld ihres Sohnes und machen ihm schwere Vorwürfe. Sie wollen ihn auf ein Internat schicken.

Dilemma (griech.) = Zwangslage.
Ein Dilemma ist, wenn du die Wahl zwischen zwei unangenehmen Dingen hast. Ein anderer Begriff dafür ist Zwickmühle.

👁 **Diskutiert das Dilemma in eurer Klasse. Wie sollen die Personen sich verhalten?**

👁 **Spielt mehrere Verhaltensmöglichkeiten durch.**

👁 **Denk dir eine eigene Dilemma-Geschichte aus und stell sie der Klasse vor.**

👁 **Warst du selbst schon einmal in einer Dilemma-Situation? Berichte.**

Sensationsgier: Freude am Leid anderer (1)

Blut bringt Quote

Bei Umweltkatastrophen, Kriegen und anderen grausamen Ereignissen sind die Medien sofort zur Stelle. Unglück, Leid, Blut, das bringt Quote, das bringt Geld. Viele Journalisten berichten aus Krisen- und Kriegsgebieten und begeben sich dadurch in Gefahr. Ihre Bilder sind bei Fernsehsendern, Zeitungen und Zeitschriften allerdings sehr gefragt.

Stell dir vor, du wärst als Fernsehjournalist in einem Krisengebiet unterwegs. Plötzlich explodiert nur wenige hundert Meter von dir entfernt ein Schulbus. Du bist geschockt, weil du so etwas noch nie gesehen hast. Der Anblick ist grauenvoll und Menschen rufen um Hilfe. Du weißt nicht, ob du weglaufen oder helfen sollst. Nach kurzer Zeit überlegst du dir, ob du deine Fernsehkamera einschalten sollst oder nicht. Es wird dir auf einmal klar, dass solche Bilder sehr viel Geld einbringen würden.

Was würdest du tun?

Ich würde filmen, weil _____

_____

_____

_____

Ich würde nicht filmen, weil _____

_____

_____

_____

👁 Was bedeutet „Blut bringt Quote"?

👁 Warum ist die Quote für Fernsehsender so wichtig?

👁 Über Katastrophen berichten: Welche Vor- und Nachteile siehst du?

Erneutes Selbstmordattentat in Jerusalem

Attentäter sprengte sich in die Luft, sechs isrealische Zivilisten getötet, achtzehn verletzt. Neue Gewaltakte im Westjordanland nach

Sensationsgier: Freude am Leid anderer (2)

Schaulustige behinderten Arbeit der Rettungskräfte

Feuerwehrparkplätze belegt – Kaum Mittel gegen Unfalltourismus

Bei dem Unfall auf der B 27 kurz vor Schömberg am Dienstagabend sind die Rettungsarbeiten durch zahlreiche Schaulustige erschwert worden. Bei dem Zusammenstoß wurde ein 19-jähriger Jugendlicher tödlich verletzt, ein Unfallbeteiligter musste verletzt ins Krankenhaus eingeliefert werden.

Weit über 100 Gaffer hätten sich im Verlauf der Rettungsmaßnahmen links und rechts der Bundesstraße und auf dem ganz in der Nähe der Unfallstelle liegenden Feuerwehrparkplatz angesammelt, erklärte Schömbergs Feuerwehrkommandant Jürgen Weckenmann am Mittwoch auf Anfrage unserer Zeitung. Einige der Schömberger Feuerwehrleute waren am Dienstagabend kurz nach 18.30 Uhr im Feuerwehrgerätehaus, da sie zu einer Probe nach Weildorf wollten. Zusammen mit ihrem Kommandanten machten sich die Feuerwehrmänner sofort zur Hilfeleistung an die Unfallstelle auf. Kurz darauf wurden auch die anderen Feuerwehrleute zum Unfall gerufen. Jürgen Weckenmann musste allerdings einige Zeit auf seine Kollegen warten. Und das nicht, weil es mit der Alarmierung nicht geklappt hat, beteuert der Kommandant. „Die haben ganz einfach keine Parkplätze gefunden", sagt er. Ein Großteil der Parkplätze am Feuerwehrhaus und in der Schömberger Altstadt waren mit Autos von Gaffern belegt.

Neugierige Blicke

Und selbst bei den Rettungsarbeiten wurden die Feuerwehrmänner von den neugierigen Blicken der Schaulustigen verfolgt. Er sei mehrere Male zu den Gaffern gegangen und habe sie gebeten, die Wege freizuhalten oder am besten gleich zu verschwinden, erzählt Jürgen Weckenmann. „Die gingen allerdings höchstens einen Schritt zurück", so der Feuerwehrkommandant. Sein Resümee: „Meine Bitten haben überhaupt nicht gefruchtet." Er sei stinksauer geworden, sagt Weckenmann, der jetzt fast schon verzweifelt an die Vernunft der Schaulustigen appelliert. „Es sollte sich jeder einmal vor Augen führen, dass auch sein Kind in dem Auto liegen könnte." Enttäuscht ist der Feuerwehrkommandant auch vom Verhalten einiger Zuschauer, die schon vor Notarzt und Polizei an der Unfallstelle gewesen sind. Lediglich ein zufällig vorbeikommender Arzt habe seine Hilfe angeboten, die anderen seien nur dagestanden und hätten zugeschaut. „Das ist für mich unbegreiflich", so Weckenmann, „gerade zwischen Alarmierung und Eintreffen der Rettungskräfte sollte erste Hilfe geleistet werden." Karl Strobel, Sprecher der Verkehrspolizeiinspektion in Tübingen, kennt die Probleme der Hilfskräfte mit den Gaffern. Er weist aber darauf hin, dass die Polizei relativ wenige Handlungsmöglichkeiten gegen Schaulustige habe. Wenn es dann allerdings ganz hart kommt, können die Neugierigen schon einmal kurzzeitig in Gewahrsam genommen werden. Zum Beispiel wenn es beim Abtransport von Schwerverletzten zu Beeinträchtigungen kommt. Dann, so Strobel, könnten die störenden Personen zur nächsten Polizeidienststelle verfrachtet werden. Fahrt und Aufenthalt bei der Polizei müssen vom Gaffer bezahlt werden. Das kann gegebenenfalls ganz schön teuer werden. Für eine Nacht im Polizeigewahrsam stehen zwischen 30 und 500 Mark zu Buche, „je nachdem, wie sich die Person verhält."

Abdrängen

Meistens würden die Polizeibeamten jedoch versuchen, die Gaffer von der Unfallstelle abzudrängen und so dem Unfalltourismus einigermaßen Herr zu werden. Denn an der Unglücksstelle wird jede Hand gebraucht, zusätzliche Fahrten zur Polizeidienststelle sind schon aus personellen Gründen kaum durchführbar.

Daniel Seeburger, Zollern-Alb-Kurier, 12.06.1998

👁 **Warum gibt es bei Unfällen oft sehr viele Schaulustige?**

👁 **Warum nennt man solche Leute auch „Gaffer"?**

👁 **Welche Schwierigkeiten haben Rettungskräfte mit den Gaffern?**

👁 **Würdest du Gaffer bestrafen?**

Hiob und die Regenbogenpresse

Gute Zeiten, schlechte Zeiten – Hiob am Ende

Phönix aus der Asche? Wird der vom Schicksal gebeutelte Hiob wieder auf die Beine kommen?

Fluch oder Sünde? Alles über Hiobs plötzlichen Absturz

Asche auf sein Haupt – Hiob von Gott und den Menschen verlassen?

Mission impossible – wer kann dem gebeutelten Hiob wieder auf die Beine helfen?

Hiob, die Geschichte eines Untergangs

- 👁 Was bedeutet „Regenbogenpresse"? Nenne Beispiele.
- 👁 Stell dir vor, Hiob wird von Journalisten eines Boulevardmagazins besucht. Wie würde ein Bericht über ihn aussehen?
- 👁 Spielt einen solchen Bericht nach. Ihr müsst mindestens drei Rollen besetzen: Hiob, einen Interviewer und einen Kameramann.
- 👁 Worauf legen die beteiligten Personen wohl besonderen Wert?
- 👁 Verfasst einen Artikel über Hiobs Unglück im Stil einer Klatschzeitung. Wählt eine passende Überschrift.

© Verlag an der Ruhr, Postfach 10 22 51, 45422 Mülheim an der Ruhr, www.verlagruhr.de

Letzter Ausweg: Selbstmord?

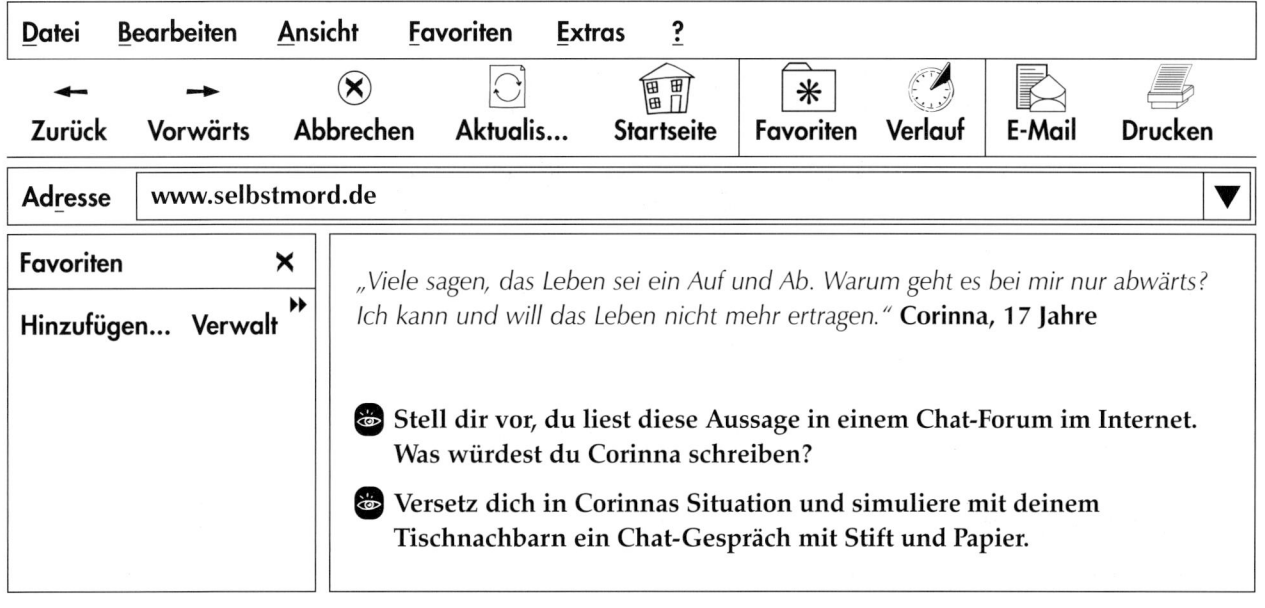

Datei   **Bearbeiten**   **Ansicht**   **Favoriten**   **Extras**   **?**

← **Zurück**   → **Vorwärts**   ⊗ **Abbrechen**   ↻ **Aktualis...**   ⌂ **Startseite**   ✳ **Favoriten**   **Verlauf**   ✉ **E-Mail**   **Drucken**

Adresse | www.selbstmord.de | ▼

Favoriten   ✗

Hinzufügen... Verwalt »

„Viele sagen, das Leben sei ein Auf und Ab. Warum geht es bei mir nur abwärts? Ich kann und will das Leben nicht mehr ertragen." **Corinna, 17 Jahre**

👁 Stell dir vor, du liest diese Aussage in einem Chat-Forum im Internet. Was würdest du Corinna schreiben?

👁 Versetz dich in Corinnas Situation und simuliere mit deinem Tischnachbarn ein Chat-Gespräch mit Stift und Papier.

Selbstmordgedanken oder Depressionen

Was sich lebensmüde Menschen **wünschen**: | Was lebensmüde Menschen **nicht möchten**:

Im Internet findest du beispielsweise unter **www.selbstmord.de** *Hilfe, Rat und weitere Links und Adressen.*

👁 Was glaubst du? Wie können wir selbstmordgefährdeten Menschen helfen?

👁 Vielleicht hast du ja selbst schon Erfahrungen zum Thema gesammelt. Versuche dich in die Situation hineinzuversetzen, und füll die Tabelle aus.

Blasphemous Rumours (Depeche Mode)

Girl of 16
Whole life ahead of her
Slashed her wrists
Bored with life
Didn't succeed
Thank the Lord
For small mercies

Fighting back the tears
Mother reads the note again
16 candles burn in her mind
She takes the blame
It's always the same
She goes down on her knees
And prays

I don't want to start any blasphemous rumours
But I think that God's
Got a sick sense of humour
And when I die
I expect to find him laughing

Girl of 18
Fell in love with everything
Found new life
In Jesus Christ
Hit by a car
Ended up
On a life support machine

Summer's day
As she passed away
Birds were singing
In the summer sky
Then came the rain
And once again
A tear fell
From her mother's eye

(Depeche Mode, CD: Some great reward 1984)

- 👁 **Warum hat Gott nach Meinung des Sängers eine „kranke Art von Humor"?**

- 👁 **Finde weitere Beispiele für diesen „kranken Humor" aus eigenen Erfahrungen oder sammle entsprechende Zeitungsartikel.**

- 👁 **Du bist mit dem 16-jährigen Mädchen befreundet. Wie könntest du ihm helfen?**

- 👁 **Du warst mit dem 18-jährigen Mädchen befreundet. Schreibe einen Beileidsbrief an seine Mutter.**

- 👁 **Verfasse eine Todesanzeige für das 18-ährige Mädchen.**

Vokabelhilfen:

to slash ones wrists = sich die Pulsadern aufschneiden

the Lord = Gott der Herr

mercy = Gnade, Barmherzigkeit

blasphemous = gotteslästerlich

to start a rumour = ein Gerücht in Umlauf bringen

life support machine = medizinisches Gerät für lebenserhaltende Maßnahmen

to pass away = sterben, entschlafen

Wie's Gott gefällt (1)

Lies den Zeitungsartikel genau durch und schreibe ihn zu einer ausführlichen Geschichte um. Versuche vor allem, die genannten Personen genauer zu beschreiben.

Jugendliche fahren in den Tod

Für zwei 18-Jährige und einen 19-Jährigen kommt Hilfe zu spät

Drei Tote hat am späten Mittwochabend ein schwerer Unfall auf der Bundesstraße 27 zwischen Schömberg und Rottweil unmittelbar an der Grenze zum Kreis Rottweil gefordert.

Schömberg. Als die Balinger Polizeibeamten gegen 23.30 Uhr an der Unfallstelle eintrafen, bot sich ihnen ein Bild des Grauens. Für die drei Insassen eines VW-Polos kam jede Hilfe zu spät. Alle drei Unfallopfer waren nicht angegurtet und nach Angaben der Polizei sofort tot.

Kurz nach 23 Uhr war der 19-jährige Fahrer aus Schömberg mit dem Kleinwagen seines Beifahrers, einem 18-jährigen Mann aus Frittlingen, in einer leichten Linkskurve nach rechts von der Fahrbahn abgekommen und frontal gegen einen Baum geprallt. Ein weiteres Opfer, ein 18-jähriger Mann, stammt aus Wellendingen im Kreis Rottweil. Die Unfallursache ist noch nicht geklärt. Ein Sachverständiger war noch in der Nacht vor Ort. Nach Auskunft der Polizeidirektion Balingen wird die Ursache des Unglücks derzeit noch ermittelt. Ein Ergebnis liege aber bisher noch nicht vor, hieß es gestern. Woher die drei jungen Männer kamen und wohin sie wollten ist ebenfalls noch nicht geklärt. Außer der Balinger Polizei waren der Notarzt und das DRK aus Rottweil sowie Mitglieder der Feuerwehren aus Rottweil und Schömberg im Einsatz. Der 19-jährige Fahrer wurde beim Unfall aus dem Wagen geschleudert. Die beiden Mitinsassen waren eingeklemmt und mussten von der Rottweiler Feuerwehr mit der Rettungsschere aus dem Wagen geschnitten werden.

Daniel Seeburger, Zollern-Alb-Kurier vom 04.08.2000.

In diesem Text und in vielen Todesanzeigen wird häufig die Redewendung „es hat Gott gefallen" verwendet. Was glaubst du: Gefällt es Gott, wenn Menschen sterben?

Finde heraus, was diese Redewendung wirklich bedeutet. Das Wort „gefallen" hatte nicht immer die heute übliche Verwendung im Sinne von „gut finden, angenehm sein". Schlage in einem etymologischen Wörterbuch (Herkunftswörterbuch) nach.

Also hat Gott die Welt geliebt ...

Er stand vor dem offenen Grab, gebeugt, mit hängenden Schultern. Sein Herz lag kalt und schwer wie ein Stein in seiner Brust. Seine Augen brannten vor Trockenheit; es waren keine Tränen in ihm. Starr blickte er vor sich hin, sah nicht die Menschen, die um das Grab herumstanden und mit ihm litten. Doch er hörte die Worte des Pfarrers – für sein Empfinden viel zu hochgeschraubt und salbungsvoll. Bitterkeit stieg in ihm auf. *„Gott, dem Herrn, hat es gefallen, diesen jungen Menschen zu sich zu rufen."* Wie Hohn klangen diese Worte in seinen Ohren. *„Gott hat es gefallen"*, dachte er bitter, *„es hat ihm gefallen! Ob es meinem toten Sohn oder seiner Familie oder ob es mir gefällt, danach fragt er nicht. Hauptsache, ihm hat es gefallen. Was für ein grausamer Gott."* Vor gut einem Jahr hatte er schon einmal hier gestanden. Damals hatte es *„Gott, dem Herrn, gefallen"*, ihm seine Frau wegzunehmen.

Ursula Imhof, Also hat Gott die Welt geliebt, Brunnen Verlag, 1995,
zit. in: Aufwärts, Evangelische Monatszeitschrift 11, 5.11.95.

Wie's Gott gefällt (2)

Dem Herrn unserem Gott
Hat es ganz und gar nicht gefallen
Dass Gustav E. Lips
Durch einen Verkehrsunfall starb
Erstens war er jung
Zweitens seiner Frau ein zärtlicher Mann
Drittens zwei Kindern ein lustiger Vater
Viertens den Freunden ein guter Freund
Fünftens erfüllt von vielen Ideen
Was soll jetzt ohne ihn werden?
Was ist seine Frau ohne ihn?
Wer spielt mit den Kindern?
Wer ersetzt einen Freund?
Wer hat die neuen Ideen?
Dem Herrn unserem Gott
Hat es ganz und gar nicht gefallen
Dass einige von euch dachten
Es habe ihm solches gefallen
Im Namen dessen der Tote erweckte
Im Namen des Toten der auferstand:
Wir protestieren gegen den Tod von Gustav E. Lips

Kurt Marti, Leichenreden, Luchterhand, 1987, S.23.

**Vergleiche das Lied „Blasphemous Rumours" mit diesem Text von Kurt Marti.
Welche Eigenschaften hat der Gott, den Depeche Mode in ihrem Lied
beschreiben? Welche Eigenschaften hat Kurt Martis Gott?**

Welche Eigenschaften hat Gott? **Im Lied „Blasphemous Rumours" ...**	Welche Eigenschaften hat Gott? **Im Text von Kurt Marti ...**

3. Klage: Warum hast du mich verlassen?

Hiobs Klage

Die drei Freunde Ijobs hörten von all dem Bösen, das über ihn gekommen war. Und sie kamen, jeder aus seiner Heimat: Elifas aus Teman, Bildad aus Schuach und Zofar aus Naama. Sie vereinbarten hinzugehen, um ihm ihre Teilnahme zu bezeigen und um ihn zu trösten.

Als sie von fern aufblickten, erkannten sie ihn nicht; sie schrien auf und weinten. Jeder zerriss sein Gewand; sie streuten Asche über ihr Haupt gegen den Himmel. Sie saßen bei ihm auf der Erde sieben Tage und sieben Nächte; keiner sprach ein Wort zu ihm. Denn sie sahen, dass sein Schmerz sehr groß war. Danach tat Ijob seinen Mund auf und verfluchte seinen Tag. Ijob ergriff das Wort und sprach: *(Hiob 2,11–3,2)*

👁 **Was glaubst du, wie Hiobs Klage lautet? Füll die Sprechblase aus.**

👁 **Lies anschließend den tatsächlichen Wortlaut von Hiobs Klage in der Bibel nach: Hiob 3,1–26.**

Hiob redet mit Gott (Schalom Ben-Chorin)

Hast du deine weiten Segenshände
Über mir zur Faust geballt,
Dass ich auch vor dir bestände
Noch im Anruf deiner Allgewalt?

Deine Schatten wollen mich erdrücken –
Diese Nacht ist riesig wie das Meer.
Willst du mich denn immer tiefer bücken?
Deine Last wird meinen Schultern schwer.

EWIGER, sieh meine Eiterwunden!
Deiner Liebe allzuharte Male.
Randgefüllt ist meiner Leiden Schale.
Setz ein Ende meinen wehen Stunden.

Mach den Tag, der mich gebar, zunichte
Und verlösche mein getrübtes Licht –
Furchtbar, Herr, sind deine Strafgerichte,
Denn wir schauen, doch erfassen nicht!

Schalom Ben-Chorin (geboren als Fritz Rosenthal):
„Hiob redet mit Gott", in: Georg Langenhorst (Hg.), Hiobs
Schrei in der Gegenwart. Ein literarisches Lesebuch zur Frage
nach Gott im Leid, Matthias-Grünewald-Verlag, 1995, S. 91.

👁 Versuch dich in Hiob hineinzuversetzen, und trage das Gedicht in der Klasse vor. Setz dabei die passende Mimik, Gestik und Betonung ein.

👁 Welche Metaphern benutzt der Schriftsteller Schalom Ben-Chorin in seinem Gedicht?

👁 Schneide die Verse aus und gestalte ein (neues) Gedicht.

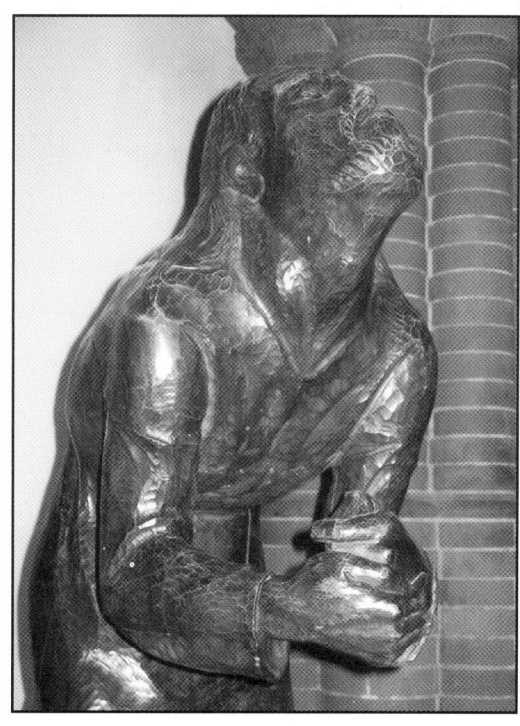

Furchtbar, Herr, sind deine Strafgerichte,
Denn wir schauen, doch erfassen nicht!

Mach den Tag, der mich gebar, zunichte
Und verlösche mein getrübtes Licht –

Willst du mich denn immer tiefer bücken?
Deine Last wird meinen Schultern schwer.

EWIGER, sieh meine Eiterwunden!
Deiner Liebe allzuharte Male.

Deine Schatten wollen mich erdrücken –
Diese Nacht ist riesig wie das Meer.

Hast du deine weiten Segenshände
Über mir zur Faust geballt,

Dass ich auch vor dir bestände
Noch im Anruf deiner Allgewalt?

Randgefüllt ist meiner Leiden Schale.
Setz ein Ende meinen wehen Stunden.

Menschen klagen Gott an (1) (Psalm 69 und Psalm 22)

Menschen klagen Gott an

In der Bibel, besonders im Alten Testament, finden sich viele Stellen, in denen Menschen ihr Leid klagen. Sie scheuen sich auch nicht, Gott anzuklagen. Sie bringen ihr Nichtverstehen, ihre Zweifel und ihre Anfechtung vor Gott. Menschen damals hatten offenbar keine Schwierigkeiten, sich Gott gegenüber zu beklagen.

Alles hat seine Stunde. Für jedes Geschehen unter dem Himmel gibt es eine bestimmte Zeit: [...] eine Zeit zum Weinen und eine Zeit zum Lachen, eine Zeit für die Klage und eine Zeit für den Tanz [...] *(Kohelet (Prediger Salomo) 3,1+3,4)*

Ich aber, zu Gott will ich rufen, der Herr wird mir helfen. Am Abend, am Morgen, am Mittag seufze ich und stöhne; er hört mein Klagen. *(Psalm 55,17–18)*

Auch Jesus klagt *(mit den Worten von Psalm 22,2a):*
Mein Gott, mein Gott, warum hast du mich verlassen? *(Markus 15,34)*

Hilf mir, o Gott! – Psalm 69

Klagepsalmen haben in der Regel folgenden Aufbau:
Der Klagende wendet sich direkt an Gott:
Er schildert seine Situation,
klagt über sein Leid
und bittet um Hilfe.
Schließlich bringt er seine Zuversicht
und sein Vertrauen in Gott zum Ausdruck.

Zeichne eine Person, die sagen könnte, was in der Sprechblase steht.

Hilf mir, o Gott! Schon reicht mir das Wasser bis an die Kehle. Ich bin in tiefem Schlamm versunken und habe keinen Halt mehr; ich geriet in tiefes Wasser, die Strömung reißt mich fort. Ich bin müde vom Rufen, meine Kehle ist heiser, mir versagen die Augen, während ich warte auf meinen Gott. Zahlreicher als die Haare auf meinem Kopf sind die, die mich grundlos hassen. Zahlreich sind meine Verderber, meine verlogenen Feinde. Was ich nicht geraubt habe, soll ich erstatten.
(Psalm 69,2–5)

Menschen klagen Gott an (2) (Psalm 69 und Psalm 22)

Mein Gott, warum hast du mich verlassen? *Auszüge aus Psalm 22*

Teil 1

Mein Gott, mein Gott, warum hast du mich verlassen,
bist fern meinem Schreien, den Worten meiner Klage?
Mein Gott, ich rufe bei Tag, doch du gibst keine
Antwort;
Ich rufe bei Nacht und finde doch keine Ruhe. [...]
Ich aber bin ein Wurm und kein Mensch,
der Leute Spott, vom Volk verachtet.
Alle, die mich sehen, verlachen mich,
verziehen die Lippen, schütteln den Kopf:
„Er wälze die Last auf den Herrn, der soll ihn befreien!
Der reiße ihn heraus, wenn er an ihm Gefallen hat."
[...]
Viele Stiere umgeben mich, Büffel von Baschan
umringen mich.
Sie sperren gegen mich ihren Rachen auf,
reißende, brüllende Löwen.
Ich bin hingeschüttet wie Wasser,
gelöst haben sich all meine Glieder.
Mein Herz ist in meinem Leib wie Wachs zerflossen [...]
Viele Hunde umlagern mich,
eine Rotte von Bösen umkreist mich. [...]
Du aber, Herr, halte dich nicht fern!
Du, meine Stärke, eil mir zu Hilfe!

Teil 2

Die ihr den Herrn fürchtet, preist ihn,
ihr alle vom Stamm Jakobs, rühmt ihn;
erschauert alle vor ihm, ihr Nachkommen Israels!
Denn er hat nicht verachtet,
nicht verabscheut das Elend des Armen.
Er verbirgt sein Gesicht nicht vor ihm;
er hat auf sein Schreien gehört. [...]
Denn der Herr regiert als König;
er herrscht über die Völker.
Vor ihm allein sollen niederfallen die Mächtigen
der Erde,
vor ihm sich alle niederwerfen, die in der Erde ruhen.
[...]
Vom Herrn wird man dem künftigen Geschlecht
erzählen,
seine Heilstat verkündet man dem kommenden Volk;
denn er hat das Werk getan.

👁 **Gestalte ein passendes Bild zu diesem Text.
Du kannst zum Beispiel mit ausgeschnittenen
Abbildungen aus Zeitschriften eine Collage
kleben. Du kannst auch selbst zeichnen.
Überlege, welche Farben oder Muster am besten
zum Text passen.**

👁 **Der Klagende in diesem Psalm drückt sein Leid
in Metaphern und bildhaften Vergleichen aus.
Versuche, dein eigenes Leid in entsprechenden
Bildern zu beschreiben.**

👁 **Finde in der Bibel weitere Klagepsalmen. Trage
eine Reihe von Bildern und Metaphern zusammen, die du persönlich nachvollziehen kannst
oder die auf eine von dir bereits erlebte Situation zutreffen.**

👁 **Gestalte ein weiteres Bild. Wähle auch hier
zum Text passende Farben und Muster.**

👁 **Wie unterscheidet sich deine Farbgebung
im ersten und zweiten Bild?**

👁 **Such zu beiden Teilen des Psalms jeweils eine
passende Musik und spiel sie der Klasse vor.**

Klage und Hoffnung (1)

Einen eigenen Klagespalm schreiben:

➠ Meine Seele ist tief verstört. Du aber, Herr, wie lange säumst du noch? *(Psalm 6,4)*

➠ Wie lange noch muss ich Schmerzen ertragen in meiner Seele, in meinem Herzen Kummer Tag für Tag? *(Psalm 13,3)*

➠ Meine Kehle ist trocken wie eine Scherbe, die Zunge klebt mir am Gaumen. *(Psalm 22,16)*

➠ Ich höre das Zischeln der Menge – Grauen ringsum. Sie tun sich gegen mich zusammen. *(Psalm 31,14)*

➠ Der Feind verfolgt mich, tritt mein Leben zu Boden. *(Psalm 143,3)*

➠ Entfremdet bin ich den eigenen Brüdern, den Söhnen meiner Mutter wurde ich fremd. *(Psalm 69,9)*

➠ Ich bin erschöpft vom Seufzen, jede Nacht benetzen Ströme von Tränen mein Bett. *(Psalm 6,7)*

➠ Zum Spott geworden bin ich all meinen Feinden, ein Hohn den Nachbarn, ein Schrecken den Freunden. *(Psalm 31,12)*

➠ Ich bin dem Gedächtnis entschwunden wie ein Toter. *(Psalm 31,13)*

➠ Kraftlos bin ich und ganz zerschlagen, ich schreie in der Qual meines Herzens. *(Psalm 38,9)*

➠ Die Schande bricht mir das Herz, ganz krank bin ich vor Schmach. *(Psalm 69,21)*

➠ Mein Geist verzagt in mir, mir erstarrt das Herz in der Brust. *(Psalm 143,4)*

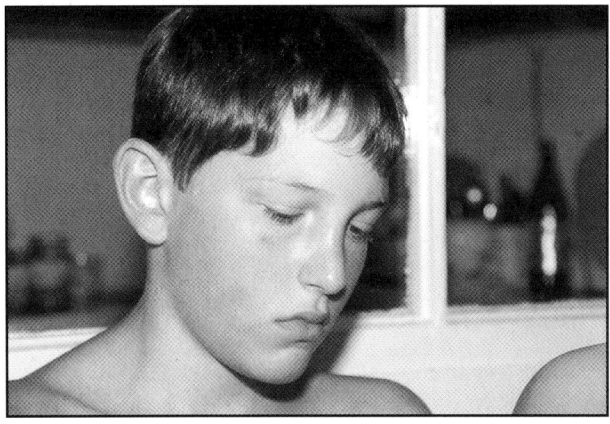

👁 Such dir eins der abgebildeten Fotos aus oder finde in Zeitungen oder Zeitschriften selbst ein Bild von einer ähnlichen Situation. Gestalte zu diesem Bild einen eigenen Klagepsalm – du kannst selbst schreiben oder die abgedruckten Sätze zu Hilfe nehmen.

👁 Sucht euch in der Gruppe ein Bild aus. Jeder in der Gruppe wählt einen Satz, der zum Bild passt. Setzt eure Sätze zusammen und erstellt so gemeinsam einen eigenen Klagepsalm. Klebt Bild und Texte auf ein Plakat.

Klage und Hoffnung (2)

Einen eigenen Hoffnungspsalm schreiben:

▸▸ Ich lege mich nieder und schlafe ein, ich wache wieder auf, denn der Herr beschützt mich. *(Psalm 3,6)*

▸▸ Der Schwache vertraut sich dir an; du bist den Verwaisten ein Helfer. *(Psalm 10,14)*

▸▸ Der Herr ist mein Hirte. *(Psalm 23,1)*

▸▸ Der Herr ist mein Licht und mein Heil. *(Psalm 27,1)*

▸▸ Du legst mir größere Freude ins Herz, als andere haben bei Korn und Wein in Fülle. *(Psalm 4,8)*

▸▸ Du umschließt mich von allen Seiten. *(Psalm 139,5)*

▸▸ Darum freut sich mein Herz und frohlockt meine Seele; auch mein Leib wird wohnen in Sicherheit. *(Psalm 16,9)*

▸▸ Ich aber darf dein Haus betreten dank deiner großen Güte. *(Psalm 5,8)*

▸▸ Der Herr stützt alle, die fallen. *(Psalm 145,14)*

▸▸ Deine rechte Hand hält mich fest. *(Psalm 63,9)*

▸▸ Denn du bist mein Fels und meine Burg. *(Psalm 31,4)*

▸▸ Du bist für mich Zuflucht und Burg. *(Psalm 91,2)*

👁 Schreibe einen eigenen Hoffnungspsalm. Du kannst die Bilder und Zitate als Anregung nehmen.

👁 Gestalte ein „Gegenbild" zu dem von dir gewählten Klagepsalm.

👁 Schreibt gemeinsam einen Hoffnungspsalm und klebt ihn zu eurem Plakat mit dem Klagepsalm.

Klagepsalm der Eingesperrten gegen das Militär

Gott, sieh herab von Deinem heiligen Thron,
schau vom Himmel auf die Erde.
Sieh, im Kerker sind gefangen,
die eintreten für Wahrheit und Recht,
frech brüsten sich,
die mit Gewalt und Lüge regieren.
Die unter uns Hass schüren,
Volk gegen Volk, Religion gegen Religion aufhetzen,
füllen sich ihre Taschen mit Geld.
Was gedacht ist zur Entwicklung unseres Landes,
landet auf ihren geheimen Konten im Ausland.
Ach, sie haben mächtige Komplizen.
Die liefern Waffen und verdienen gut daran,
nicht sehen sie die Opfer,
die eingeschüchtert, unterdrückt und ermordet werden
mit den Waffen, die sie liefern,
nicht kümmert sie ihr Ansehen in künftiger Zeit,
ihr Blick ist gerichtet nicht auf uns im Gefängnis,
sondern auf den Gewinn,
den sie jetzt haben von diesem Geschäft.

O Gott, DU bist ein Gott der Gerechtigkeit,
der Recht und Gerechtigkeit liebt.
Ist es denn Recht, dass das Volk leiden muss
unter Schulden, die auch gemacht wurden,
um Waffen zu kaufen, die doch keinen satt machen,
mit denen man nichts produzieren kann
als Angst und Zerstörung?
Ist es denn Recht, wenn die Gläubiger verlangen,
dass unser Staat erst die Ausgaben für Bildung und Gesundheit kürzen muss,
bevor er neue Kredite erhält,
bevor die alten Schulden umgeschuldet oder erlassen werden?
Warum können die Gläubiger nicht zuerst die Abrüstung verlangen?

Ach Herr, schaffe hinaus aus unserem Land die Waffen,
mit denen einer den anderen bedroht und bekämpft,
dass unsere Söhne nicht lernen zu töten, sondern zu leben,
dass sie lieben das Leben und nicht den Tod,
ihren nicht und nicht den ihrer Feinde,
dass sie nicht lernen Häuser anzuzünden mit allem, was darin ist,
sondern lernen Häuser zu bauen und einzurichten,
dass sie nicht lernen, Felder zu verwüsten, sondern zu bestellen,
dass sie vertrauen lernen der Stärke des Rechts
und sich nicht unterwerfen dem Recht des Stärkeren.
Gott, DU siehst uns, komm, uns zu befreien.

*(Pfarrer Johannes Weissinger, Bad Berleburg, Vorsitzender
des Evangelischen Arbeitskreises Westfalen)*

● Welche Missstände beklagt der Sprecher? Schreibe die einzelnen Punkte stichwortartig auf.

● Warum richtet der Sprecher seine Klage an Gott? Was erwartet er von Gott?

● Ist Gott für die Politik in der Welt verantwortlich?

● Wie steht Gott zu Dingen wie Gewalt, Unterdrückung, Ausbeutung usw.? Gibt uns hier die Bibel eine Antwort?

● Glaubst du, dass Gott in die Weltgeschichte eingreift?

● Betrachte das abgebildete Gesicht. Wie fühlt sich dieser Mensch?

● Gestalte einen Hintergrund für dieses Bild, der zum Gesichtsausdruck passt – du kannst selbst zeichnen und malen oder Bilder aus Zeitungen verwenden. Du kannst auch Text oder einzelne Worte in deine Collage einarbeiten.

Klagepsalm zum Thema Umweltverschmutzung

Klagepsalm zum Thema Umweltverschmutzung

Gott, hast DU die eine Erde nicht allen Deinen Geschöpfen gegeben,
dass sie auf ihr leben, sich von ihr ernähren, sich in ihr begegnen
und DICH finden durch sie?
Sollte nicht zeugen die Erde, Deine Schöpfung, von Dir, ihrem Schöpfer?
Aber wovon zeugen denn verödete Böden, verpestete Luft, verseuchtes Wasser,
wenn nicht von der Menschen Blindheit, Gier und Rücksichtslosigkeit?

Gott, schenke einen Moment der Besinnung und Einsicht denen,
die die Wirtschaft auf unserer, Deiner Erde beherrschen,
dass sie erkennen, wie sehr sie trotz all ihrer ökonomischen Stärke
doch auch ökologisch abhängig sind von uns, den Schwachen,
denn wir leben alle auf der einen Erde.
Was die Industrienationen in ihren Ländern anrichten,
z.B. indem sie das Klima erwärmen,
bekommen auch wir zu spüren, mehr noch als sie.
Und was sie durch ihre großen Konzerne anrichten bei uns,
wird auf sie zurückschlagen.

Gott, lass sie als Warnung verstehen,
dass in weiten Teilen unseres Landes kein Gemüse mehr wuchs,
weil die Sonne es nicht mehr schaffte,
den Dunst, Qualm und Rauch zu durchdringen,
der aufstieg durch die Brandrodung unserer Wälder
und sich legt über das Land.
Verwehre, Gott, es den Reichen, die Armen auszunutzen,
wenn die Armen sie locken und werben um sie mit der Erlaubnis,
bei ihnen die Gebote des Umweltschutzes nicht beachten zu müssen.
Gott, sie haben schon genug Schaden angerichtet im Land.
Nicht alle Menschen können so leben wie sie jetzt, auch in Zukunft nicht.
Das hält unsere Erde nicht aus.

Gott, sei gnädig mit uns.
Wo die Reichen die Grundlagen des Lebens zerstören aus Profitsucht,
da tun es die Armen, weil ihnen nichts anderes übrig bleibt im Kampf ums
Überleben.
Wie oft schon haben die Staaten der Welt feierlich bekundet, dass sie wissen,
dass alle unsere Anstrengungen, uns so zu entwickeln, dass Leben eine Zukunft hat,
zunichte gemacht werden durch den Zwang,
Mittel zur Tilgung unserer Schulden zu erwirtschaften.

Gott, wir haben nur die eine Erde,
die DU uns gegeben hast, uns allen,
den Vorfahren schon und denen,
die nach uns kommen nach deinem Willen.

*(Pfarrer Johannes Weissinger, Bad Berleburg, Vorsitzender
des Evangelischen Arbeitskreises Westfalen)*

- Auf welche Umweltprobleme bezieht sich der Sprecher? Mach eine Liste.
- Welche Möglichkeiten gäbe es, diese Probleme in den Griff zu bekommen?
- Auch hier richtet der Sprecher seine Klage an Gott. An wen könnte er sich sonst noch wenden?
- Glaubst du, dass Gott die Welt erschaffen hat? Begründe deine Antwort und überlege, welche Konsequenzen sie für dich hat.
- Die Umweltverschmutzung verändert unseren Lebensraum. Wie sieht die Erde wohl in 100 Jahren aus? Beschreibe, zeichne oder gestalte deine Zukunftsvision.

Diesen und weitere Klagepsalmen von Pfarrer Johannes Weissinger findest du auch im Internet unter:
www.kirche-erndtebrueck.de/erlassjahr/klagepsalmen/body_klagepsalmen.html

Klage um Szaja Judkiewicz

Hiob ist kein Einzelfall, zu allen Zeiten gab und gibt es Menschen, die Gott ihr Leid klagen und hoffen, dass er ihnen antwortet. Die Dichterin und Widerstands-kämpferin Izabela Gelbard schrieb im Warschauer Ghetto folgendes Gedicht:

Bedeckt die Häupter und entzündet Kerzen,
wendet die Spiegel um und weinet laut;
denn wo man hinschaut, ob nach Norden, Süden:
Tod, Blut und Marter sind dem Jud' vertraut.

Ich seh die Gesichter – mehr als hunderttausend,
bin wieder im Ghetto, spür des Hungers Wut
und trage den Flicken – oh heiße Tränen! –
das Warten auf Wunder, der Hoffnung Glut.

Von Millionen Leben meiner Schwestern und Brüder
blieb nur ein einziges, namenloses Grab.
Der verlor die Kinder – er seine Eltern,
sie verlor den einen, der den Ring ihr gab.

Mütter und Greise und wehrlose Kleine,
unserer Väter heiliger Trutz,
die während des Schlachtens in Blut und in Flüchen,
ihren Gott anriefen: „HERR, Du bist unser Schutz ..."

Aber er schützte nicht – er war nicht im Ghetto,
wahrscheinlich würgt ihn dafür jetzt die Scham.
Auch Szaja Judkiewicz kam um. Wer das war,
der Judkiewicz? Ein alter, frommer jüdischer Mann ...

Szaja Judkiewicz – vierundneunzig lange
Jahre sah sein halberloschener Blick.
Wahrhaft glaubte er an Gott und war ehrlich,
wenn er die Enkel lehrte: „Er lenkt unsern Schritt!"

Izabela Gelbard, Hiob 1943, 1983

👁 **Informiere dich, was das Warschauer Ghetto war.**

👁 **Was ist mit dem „Flicken" gemeint, den die Autorin bzw. das lyrische Ich des Gedichts trägt?**

👁 **Welche Hoffnung setzten die Menschen im Ghetto auf Gott?**

👁 **Welche Erfahrung machten diese Menschen dann mit Gott?**

Tell my Why? (Genesis)

Mothers crying in the street
children dying at their feet, tell me why?

People starving everywhere
there's too much food but none to spare, tell me why?

Chorus:
Can you see that shaft of sunlight
can you see it in my eyes
I can feel the fire that's burning
anger and hope so deep
so deep within my heart before my eyes
for some it's too late it seems there's no-one listening.

People sleeping in the streets
no roof above, no food to eat, tell me why?

See the questions in their eyes
listen to the children's cries, tell me why?

If there's a God, is he watching
can he give a ray of hope
so much pain and so much sorrow
tell me what does he see
when he looks at you when he looks at me
what would he say it seems there's no-one listening

Who would think it still could happen
even in this time and place
politicians, they may save themselves
but they won't save their face
just hope against hope it's not too late.

You say there's nothing you can do
is there one rule for them and one for you,
tell me why?

… *(Chorus)* …

Hurry for me, hurry for me, they cry.

Genesis: CD: We can't dance, 1991

Obdachloser in New York

Vokabelhilfen:

starving = hungern

to spare = übrig haben, abgeben

shaft of sunlight = Sonnenstrahl

anger = Zorn, Wut

ray of hope = Hoffnungsschimmer

👁 **Übersetzt gemeinsam den Text von Genesis.**

👁 **Sammle in Zeitungen und Zeitschriften Bilder und Fotos, die zum Text von Genesis passen. Gestalte daraus eine Collage.**

👁 **Ergänze die aufgeklebten Fotos durch selbstgezeichnete Elemente. Achte dabei besonders auf Hell-Dunkel-Kontraste.**

Gebet nach dem Schlachten (Kurt Tucholsky)

Kopf ab zum Gebet!

Herrgott! Wir alten vermoderten Knochen
Sind aus den Kalkgräbern noch einmal hervorgekrochen.
Wir treten zum Beten vor dich und bleiben nicht stumm.
Und fragen dich, Gott:
Warum – ?

Warum haben wir unser rotes Herzblut dahingegeben?
Bei unserm Kaiser blieben alle sechs am Leben.
Wir haben einmal geglaubt ... Wir waren schön dumm ...!
Uns haben sie besoffen gemacht ...
Warum – ?

Einer hat noch sechs Monate im Lazarett geschrien.
Erst das Dörrgemüse und zwei Stabsärzte erledigten ihn.
Einer wurde blind und nahm heimlich Opium.
Drei von uns haben zusammen nur einen Arm ...
Warum – ?

Wir haben Glauben, Krieg, Leben und alles verloren.
Uns trieben sie hinein wie im Kino die Gladiatoren.
Wir hatten das allerbeste Publikum.
Das starb aber nicht mit ...
Warum – ? Warum – ?

Herrgott!
Wenn du wirklich der bist, als den wir dich lernten:
Steig herunter von deinem Himmel, dem besternten!
Fahr hernieder oder schick deinen Sohn!
Reiß ab die Fahnen, die Helme, die Ordensdekoration!
Verkünde den Staaten der Erde, wie wir gelitten,
wie uns Hunger, Läuse, Schrapnells und Lügen den Leib zerschnitten!
Feldprediger haben uns in deinem Namen zu Grabe getragen.
Erkläre, dass sie gelogen haben! Lässt du dir das sagen?
Jag uns zurück in unsre Gräber, aber antworte zuvor!
Soweit wir das noch können, knien wir vor dir – aber leih uns dein Ohr!
Wenn unser Sterben nicht völlig sinnlos war,
verhüte wie 1914 ein Jahr!
Sag es den Menschen! Treib sie zur Desertion!

Wir stehen vor dir: ein Totenbataillon.
Dies blieb uns: zu dir kommen und beten!
Weggetreten!

Kurt Tucholsky, Gesammelte Werke 3 (1921–24),
Reinbek bei Hamburg 1993, S. 437.

- Von welchem Krieg ist hier die Rede? Informiere dich in Geschichtsbüchern, wie dieser Krieg verlief.
- Welche Leiden der Soldaten werden im Text beschrieben? Mach eine Liste.
- Was ist der Unterschied zwischen einem Krieg, wie Tucholsky ihn erlebt hat, und einem „modernen" Krieg?
- Was verlangt Tucholsky von Gott?
- Recherchiere, wer der Schriftsteller Kurt Tucholsky war, und erstelle eine kurze Biografie.
- Was bedeutet „Kopf ab zum Gebet"? Welche Redensart oder Benimmregel wird hier parodiert?

4. Hilfe: Warum ausgerechnet du?

Hiobs Freunde geben Ratschläge (1)

So könnte Hiobs Geschichte aus seiner Sicht erzählt lauten:

Echte Freunde sind im Leben unverzichtbar. Auch ich hatte das erlebt. Selbst im größten Leid ließen sie mich nicht allein. Ich spreche von Elifas, Bildad und Zofar. Sieben Tage und Nächte saßen wir zusammen auf dem Boden und schwiegen. Trotz unseres Schweigens hatte ich das Gefühl, dass sie mich verstanden. Stumm trugen sie so einen Teil meines großen Leides mit.

[X] Wie konnten die drei Freunde Hiob helfen?

_____

_____

_____

Dies änderte jedoch nichts an der Ausweglosigkeit meiner Lage. Nachdem ich wieder Worte gefunden hatte, verfluchte ich den Tag, an dem ich geboren wurde. Ich hatte alles verloren, was das Leben lebenswert macht. Elifas, Bildad und Zofar hörten sich meine Klage an. „Wenigstens sie verstehen mich", so dachte ich mir und redete mir meinen Frust von der Seele. Da räusperte sich Elifas: „Hiob, könnte es nicht sein, dass dein Leid eine Folge irgendeiner Schuld in deinem Leben ist?" Etwas verwundert schaute ich ihn an. Als er weiter redete, wurde mir klar, dass er mich nicht verstanden hatte. Wie konnte er nur auf die Idee kommen, dass Gott mich für irgendein Unrecht strafen würde? Nein, ich wollte mir seine Reden von Schuld und Umkehr nicht mehr länger anhören.

[X] Woher kommt das Leid? Was sagt Elifas?
Formuliere in eigenen Worten.

_____

_____

_____

Doch Elifas Worte gingen mir nicht mehr aus dem Kopf. Immer wieder fragte ich mich: „Warum muss gerade mir das Ganze passieren? Warum bestraft mich Gott derartig? Wenn ich wirklich unbewusst Schuld auf mich geladen habe, warum vergibt Gott mir nicht?"

[X] Was fragt sich Hiob? Formuliere die Frage in eigenen Worten.

_____

_____

_____

_____

Eigentlich hatte ich gehofft, meine Freunde würden mich trösten. Doch auch Bildad und Zofar gingen immer mehr dazu über, mich zu ermahnen und zurechtzuweisen. Erzürnt gab mir Bildad zu verstehen: „Hiob, du musst dich einfach Gott wieder zuwenden und etwas mehr beten. Es ist dann nur noch eine Frage der Zeit, bis es dir wieder besser geht."

[X] Was tun Bildad und Zofar?
Welche Gründe haben sie, so zu reagieren?

_____

_____

_____

Hiobs Freunde geben Ratschläge (2)

Für mich waren das nur billige Erklärungen, die mir nicht im Geringsten weiterhalfen. Die drei konnten sich einfach nicht in mich hineinfühlen. Immer wieder überlegte ich mir, was ich falsch gemacht hatte. „Habe ich Gott wirklich durch eine falsche Tat erzürnt? Vertraue ich ihm vielleicht nicht genug?" Ich konnte das alles nicht verstehen. Bisher hatte ich Gott immer ganz anders erlebt. Ich hatte mein Leben lang erfahren, dass Gott es gut meinte mit mir.

☒ Warum kann Hiob mit diesen Erklärungen nichts anfangen? Was versteht er nicht?

_____

_____

_____

Ich merkte nun, wie Elifas, Bildad und Zofar ungeduldig wurden. Immer wieder redeten sie auf mich ein. Sie fanden ständig neue Gründe für mein Leid. Ich konnte mir ihr Geschwätz nicht länger anhören. Sie wollten mich einfach nicht verstehen. Der Verzweiflung nahe, schrie ich zu Gott. „Bin ich denn wirklich schlechter als all die anderen Menschen um mich herum? Gott, warum tust du das?" Wieder wusste Elifas eine Antwort. Er zählte mir all meine Sünden auf, die angeblich der Grund für mein Leid waren.

☒ Was tut Hiob in seiner Verzweiflung? Nützt es etwas?

_____

_____

_____

_____

Meine Geduld war nun zu Ende. Ich konnte einfach nicht mehr anders. Voller Wut schickte ich alle drei nach Hause. Ich schrie ihnen noch hinterher, dass ich mir unter Freundschaft etwas anderes vorgestellt hatte. Ich war am Ende.

☒ Was tut Hiob mit seinen Freunden? Was hätte er eigentlich von ihnen erwartet?

_____

_____

_____

„Jetzt kann mir nur noch Gott selbst helfen. Er muss mir einfach zuhören. Ich werde ihm jetzt sehr deutlich erklären, dass ich unschuldig bin ..."

☒ Warum wendet sich Hiob schließlich an Gott? An wen würdest du dich an seiner Stelle wenden?

_____

_____

_____

_____

Auch Ratschläge sind Schläge

Viele Ratschläge, auch wenn sie gut gemeint sind, helfen Menschen in Not nicht wirklich. Manche Ratschläge wirken wie Schläge und können Menschen, die bereits am Boden liegen, vollends „zerstören".

Projektvorschlag: Am Boden zerstört

- Ihr braucht einen sehr großen Bogen Papier, mehrere faustgroße saubere Steine und Filzstifte um auf die Steine zu schreiben.
- Schneidet aus Papier eine lebensgroße Person (z.B. Hiob) aus und legt sie auf den Boden.
- Schreibt auf die großen Steine Ratschläge, die Menschen nicht helfen.
- Faltet ein Stück der Papierperson ein und legt euren Ratschlag darauf.
- Wiederholt den Vorgang so lange, bis von der Person kaum mehr etwas zu sehen ist. Mit euren Ratschlägen habt ihr die Person zerstört.
- Überlegt euch nun Sätze und Worte, die dem Leidenden helfen könnten (z.B. ich werde dir helfen, ich verstehe dich...) und nehmt dafür einen Stein nach dem anderen wieder weg, so dass sich der Leidende wieder erholt.

Die Idee stammt von Andrea Müller, Grund und Hauptschule Öschingen, nach: Wolfgang Kalmbach (Hrsg.) und Markus Hartenstein im Rahmen der Religionspädagogischen Projektentwicklung in Baden und Württemberg (RPE), Baupläne Religion 8, Arbeitsbuch für den Religionsunterricht in der 8. Klasse, Calwer Verlag, 1991, S. 174.

„Nimm das doch nicht so ernst!"

„Meinem Schwager ist was ganz Ähnliches passiert, der hatte nämlich ..."

„Stell dich nicht so an!"

„Abwarten und Tee trinken."

„Das wird schon wieder."

„Ich versteh gar nicht, was du eigentlich willst."

„Ich kann dich verstehen."

„Ich möchte dir helfen."

„Zusammen können wir das schaffen."

„Du bist mit deinen Problemen nicht allein."

„Erzähl mir doch mal in Ruhe, was los ist."

„Ich nehme dich ernst und du bist mir wichtig."

Die Schwierigkeiten des Helfers (1)

Hiobs Freunde als Helfer

Für Hiob war es <u>hilfreich</u>, dass die Freunde …

_____

_____

_____

_____

Für Hiob war es <u>überhaupt nicht hilfreich</u>, dass …

_____

_____

_____

_____

👁 **Stell dir vor, du wärst ein Freund von Hiob. Wie hättest du ihm geholfen?**

👁 **Nenne Beispielsituationen, in denen es dir sehr schwer fiel, einem anderen Menschen zu helfen.**

👁 **Warum ist es oft schwierig, anderen Menschen zu helfen?**

Kurz nach der Hochzeit Ken Wilbers mit seiner großen Liebe Treya trifft die Hiobsbotschaft ein: Treya hat Brustkrebs. Das Paar verbringt seine Flitterwochen im Krankenhaus. Was folgt, sind fünf Jahre eines gemeinsamen Kampfes gegen die Krankheit. In seinem Buch beschreibt Ken Wilber die Probleme des Helfens:

Einfühlsames Helfen will gelernt sein

Als Treya krank wurde, dachte ich, ich brauchte die Sache nur richtig zu managen, das Richtige zu sagen, bei der Wahl der Therapien zu helfen und so weiter, dann würde alles gleich besser werden. Wenn etwa eine besonders schlechte Nachricht kam, neue Metastasen zum Beispiel, und Treya weinte, dann legte ich sofort los: „Schau, noch ist es ja gar nicht sicher, da brauchen wir erst noch weitere Untersuchungen; und außerdem deutet nichts darauf hin, dass das an deiner Therapie etwas ändert", und so weiter. Aber das war es nicht, was Treya brauchte. Dass ich mit ihr weinte, das brauchte sie, und so tat ich es schließlich.

Man hat jedenfalls bei schlechten Neuigkeiten als Helfer zunächst das Bedürfnis, dem Kranken seine Angst und sein Entsetzen auszureden. Das ist alles in allem die falsche Reaktion. Zunächst einmal fühlt man sich ein und fühlt mit. Wie entscheidend wichtig das ist, wurde mir nach und nach klar: Einfach bei dem anderen sein und keine Angst vor seiner Angst oder seinem Schmerz oder seiner Wut zu haben, hochkommen zu lassen, was hochkommen will, und vor allem nichts zu unternehmen, was den anderen von seinen quälenden Empfindungen befreien soll.

Ken Wilber, Mut und Gnade, Goldmann-Verlag, 1996, S. 396f.

👁 **Wie würde Ken Wilber das Verhalten von Hiobs Freunden bewerten?**

Die Schwierigkeiten des Helfers (2)

Die Probleme des Helfers verlieren an Bedeutung

Der Helfer weiß, dass all seine Probleme, wie viele es auch sein mögen, Lappalien sind gegen die lebensbedrohende Krankheit des geliebten Menschen. Also spricht er einfach nicht davon – wochenlang, monatelang. Er hält sie unter Verschluss. Man möchte den geliebten Menschen nicht beunruhigen, man möchte ihm seine Lage nicht noch erschweren, und man sagt sich immer wieder: „Na ja, wenigstens habe ich keinen Krebs; meine eigenen Probleme können so schlimm nicht sein." Das geht ein paar Monate so (je nach Veranlagung), und dann dämmert dem Helfer allmählich: Die Tatsache, dass meine Probleme klein sind, etwa im Vergleich zu Krebs, erledigt sie nicht. Sie werden sogar schlimmer.

Ken Wilber, Mut und Gnade, Goldmann-Verlag, 1996, S. 392.

Ich denke ...

○ dass es schwierig ist, die eigenen Probleme gegenüber dem stärker Leidenden geheim zu halten und klaglos hinunterzuschlucken.

○ dass es nicht schwierig ist, ein paar kleine Probleme für sich zu behalten.

Ich habe schon einmal eine ähnliche Erfahrung gemacht:

_____

_____

Niemand interessiert sich für chronische Dinge

Ein normaler Helfer tut zunächst einmal das nahe Liegende: Er spricht mit Verwandten, Freunden und Verbündeten. Und da macht er Bekanntschaft mit dem öffentlichen Problem. Niemand interessiert sich für chronische Dinge. Das bedeutet: Ich komme mit einem Problem zu dir, ich möchte reden, ich möchte Rat, ich möchte ein bisschen Trost. Wir reden, du bist freundlich, verständnisvoll und hilfsbereit. Mir geht es besser, du hast das Gefühl, mir geholfen zu haben. Am nächsten Tag hat meine Frau immer noch Krebs; die Lage ist nicht grundlegend besser geworden, vielleicht sogar schlechter. Mir geht es überhaupt nicht gut. Ich treffe dich zufällig. Du fragst mich, wie es geht; wenn ich ehrlich bin, sage ich: miserabel. Wir reden also wieder miteinander. Du bist wieder sehr hilfsbereit, freundlich und verständnisvoll, und gleich geht es mir besser ... bis zum nächsten Tag, wenn sie immer noch Krebs hat und eigentlich gar nichts besser ist. [...] Also fühlt man sich tagein, tagaus ziemlich elend, die Sache wird einfach nicht besser. Und früher oder später stellt man fest, dass fast jeder, der nicht selbst tagtäglich vor dieses Problem gestellt ist, allmählich etwas ungeduldig wird, wenn man immer weiter darüber redet. [...] Die Leute haben es satt, immer wieder die gleichen Probleme anhören und durchkauen zu müssen.

Ken Wilber, Mut und Gnade, Goldmann-Verlag, 1996, S. 393.

Ich kann mir ...

○ vorstellen, dass dies ein Problem ist.

○ nicht vorstellen, dass dies ein Problem ist.

Ich habe schon einmal eine ähnliche Erfahrung gemacht:

_____

Der Umgang mit dem Leid

Es gibt unterschiedliche Möglichkeiten mit Leid umzugehen. Wie soll Hiob mit dem Leid umgehen? Was würdest du ihm raten? Kreuze an!

Wie soll Hiob mit dem Leid umgehen?

○ Sei demütig und geduldig. Nur Gott kennt den Sinn des Leids.

○ Leid ist eine Prüfung. Gott möchte sehen, wie du dich im Leid verhältst.

○ Gott möchte dir mit dem Leid zeigen, dass du etwas falsch gemacht hast. Bete zu Gott und bereue deine Fehler.

○ Erinnere dich daran, dass du in deinem bisherigen Leben sehr viel Glück hattest. Nimm dein jetziges Leid nicht so wichtig.

○ Klage Gott dein Leid und frage ihn, warum er dich leiden lässt.

○ Wenn dich Gott so stark leiden lässt, dann wende dich von ihm ab.

Wie fühlt sich Hiob?

Gefühl	stark	ein wenig	gar nicht
Hass			
Schmerz			
Gleichgültigkeit			
Trauer			
Wut			
Ohnmacht			
Zufriedenheit			
Mitgefühl			
Verzweiflung			

Projektvorschlag:

Hiob und seine Freunde – ein Schreibgespräch

Bildet 4 Gruppen (etwa fünf Schüler pro Gruppe). Versammelt euch jeweils um einen großen Bogen Papier. In die Mitte des Papierbogens schreibt ihr euer Thema.

Schreibt nun in absoluter Stille eure Gedanken zu diesem Thema in Stichworten oder in kurzen Sätzen auf den Papierbogen. Wichtig ist, dass immer nur einer schreibt.

Ihr dürft auch auf die Gedanken der anderen eingehen oder diese unterstreichen. Ähnliche Aussagen könnt ihr mit Pfeilen verbinden.

Wenn niemand mehr etwas zu schreiben hat, endet das Schreibgespräch.

Stellt zum Schluss euer Schreibgespräch den anderen Gruppen vor.

Gruppe 1
Thema: An Hiob finde ich gut ...

Gruppe 2
Thema: An Hiob finde ich *nicht* gut ...

Gruppe 3
Thema: An den Freunden finde ich gut ...

Gruppe 4
Thema: An den Freunden finde ich *nicht* gut ...

Hilft Gott? (Marlon und Freunde)

Projektvorschlag:

💡 Hiob wendet sich an Gott

💡 Versetze dich in die Lage Hiobs und schreibe einen Brief an Gott.

Lieber Gott

_____

_____

_____

_____

_____

_____

_____

_____

_____

_____

_____

_____

_____

_____

_____

_____

Lieber Gott,
sag mir warum muss das sein,
Leid wohin ich seh,
meistens wo ich nicht versteh,
sag mir, ist es gerecht,
dass es manchen so schlecht
und anderen viel zu gut geht.
Hast du die Karten verteilt,
entscheidest du für wen die Sonne lacht
und für wen es immer schneit?

Lieber Gott,
frag mich wirklich nach dem Sinn.
Ich denk so oft, dass was nicht stimmt.
Bist du bei uns oder sind wir schon verloren?
Warum gibt es Gewalt, warum gibt es Hass?
Warum gibt es Menschen, die Soldaten sind?
Bitte sag mir den Grund, bitte sag mir,
warum ich mich manchmal so allein fühl.

(Refrain)
Öffne mir die Augen, bade mich im Licht.
Ich würd so gerne an dich glauben,
sag, hörst du mich nicht?
Öffne mir die Augen, bade mich im Licht,
ich würd so gerne etwas glauben.
Sag, hörst du mich nicht?

Lieber Gott,
manchmal ist es wirklich schlimm
und ich weiß nicht mehr wohin
und dann kommt es mir vor,
als wenn die Welt in Trümmern liegt
und ich seh mich um,
alles froh und bunt und ich frag mich,
sind die alle taub und blind.
Bitte sag mir den Grund, bitte sag mir,
warum ich mich wieder so allein fühl.

Text und Musik: Marlon
CD: Marlon und Freunde, „Lieber Gott", 2002

● ● · · · · · · · · · · · · · · ● ● ● ●

👁 In der Bibel bekommen die Menschen häufig Antworten von Gott. Was könnte Gott Marlon antworten?

👁 Vergleiche Marlons Lied an Gott mit dem von XTC (vgl. Seite 77). Wie unterscheidet sich das jeweilige Bild von Gott?

Hilft Gott? (XTC)

Dear God,
Hope you got the letter, and ...
I pray you can make it better down here.
I don't mean a big reduction in the price of beer
But all the people that you made in your image,
See them starving on their feet
'cause they don't get enough to eat from God.
I can't believe in you.

Dear God,
Sorry to disturb you, but ...
I feel that I should be heard loud and clear.
We all need a big reduction in amount of tears
And all the people that you made in your image,
See them fighting in the street
'cause they can't make opinions meet about God,
I can't believe in you.

Did you make disease, and the diamond blue?
Did you make mankind after we made you?
And the devil too!

Dear God,
Don't know, if you noticed, but ...
Your name is on a lot of quotes in this book and
us crazy humans wrote it,
You should take a look,
And all the people that you made in your image
Still believing that junk is true.
Well, I know it ain't and so do you, dear God,
I can't believe in, I don't believe in you.

I won't believe in heaven and hell. No saints,
no sinners, no devil as well.
No pearly gates, no thorny crown. You're always
letting us humans down.
The wars you bring, the babes you drown.
Those lost at sea and never found, and it's the same
the whole world 'round.
The hurt I see helps to compound that Father,
Son and Holy Ghost
Is just somebody's unholy hoax,
And if you're up there you'd perceive that my heart's
here upon my sleeve.
If there's one thing I don't believe in

It's you ... dear God

XTC: CD: Skylarking, 1986

Vokabelhilfen:

starving = hungern

to make opinions meet = mehrere Meinungen
unter einen Hut bringen

quote = Zitat

junk = Mist, Müll, Schrott

pearly gates = Himmelstüren (wörtl. Perlentore,
gemeint sind die Pforten des himmlischen Jerusalem,
vgl. Offenbarung des Johannes, 21,21)

to drown = ertränken

the hurt I see helps to compound =
(hier:) der Schmerz, den ich sehe, bestätigt mir ...

hoax = Schwindel, Streich, Trick

to perceive = erkennen

to wear one's heart upon one's sleeve =
offen und ehrlich sein, offenherzig sein

👁 **Übersetzt gemeinsam den Songtext.**

👁 **Warum können XTC nicht mehr an Gott
glauben? Nenne die Gründe!**

👁 **Wie stehst du zu der Aussage von XTC,
dass die Menschen Gott erschaffen haben?**

👁 **XTC behaupten, dass Menschen auf den
Straßen kämpfen, weil sich ihre Glaubens-
überzeugungen bzw. Religionen unterschei-
den. Informiere dich über solche religiösen
Konflikte. Sind diese Konflikte nur religiös
bedingt oder haben sie auch einen politischen
Hintergrund?**

Wer hilft?

Marlon und XTC richten ihre Fragen direkt an Gott. Viele Jugendliche wenden sich lieber an das Expertenteam oder die Kummerkastentante einer Jugendzeitschrift, wenn sie nicht weiterwissen.

Lieber Dr. Sommer!

Es ist wie verhext. Seit Wochen bin ich vom Pech verfolgt. Zuerst hatte ich Stress mit meinem Freund. Wir stritten uns andauernd. In dieser Zeit bin ich in der Schule immer schlechter geworden. Natürlich gab's dann auch mit den Eltern Probleme. Das Schlimmste jedoch war, dass meine beste Freundin vor einer Woche bei einem Autounfall ums Leben kam. Sie war der einzige Mensch, mit dem ich über alles reden konnte. Ich kann das alles nicht verstehen. Habe ich was falsch gemacht?

Sabrina, 16 Jahre

Liebe Sabrina!

_____

_____

_____

_____

_____

_____

👁 Sammelt Leserbriefe aus verschiedenen Jugendzeitschriften und stellt eine Liste von Problemen zusammen, die die Jugendlichen haben. Sind das auch eure Probleme?

👁 Wie beurteilst du die Antworten, die jeweils gegeben werden?

👁 An wen kannst du dich sonst noch wenden, wenn du Probleme hast?

👁 Schreibe eine passende Antwort für Sabrina.

Projektvorschlag:

💡 Erkundigt euch, was die Telefonseelsorge ist. Möglicherweise könnt ihr auch einen Mitarbeiter der Telefonseelsorge interviewen und zu seiner Arbeit befragen. (Dazu solltet ihr höflich anfragen und um einen Termin bitten.)

Helfer-Spiel:

Jeder Schüler schreibt ein persönliches Problem oder eine Sorge auf einen Zettel (anonym). Die Zettel werden gemischt und dann wieder verteilt. Jeder liest das Problem auf seinem Zettel vor und versucht einen Lösungsvorschlag anzubieten. **Hinweis:** Es gibt allerdings Probleme, die zu groß und zu schwer sind, um dafür eine schnelle Lösung zu finden. Diese Probleme könnt ihr auf einem Plakat oder einer Pinnwand in der Klasse aufhängen. So habt ihr Zeit, euch darüber Gedanken zu machen und euch in Ruhe einen Rat oder auch einen helfenden persönlichen Kommentar zu überlegen, den ihr daranheften oder -kleben könnt.

Hiob braucht Hilfe

Und nun zerfließt die Seele in mir, des Elends Tage packen mich an. Des Nachts durchbohrt es mir die Knochen, mein nagender Schmerz kommt nicht zur Ruh. Mit Allgewalt packt er mich am Kleid, schnürt wie der Gürtel des Rocks mich ein. Er warf mich in den Lehm, sodass ich Staub und Asche gleiche. Ich schreie zu dir und du erwiderst mir nicht; ich stehe da, doch du achtest nicht auf mich. Du wandelst dich zum grausamen Feind gegen mich, mit deiner starken Hand befehdest du mich. Du hebst mich in den Wind, fährst mich dahin, lässt mich zergehen im Sturmgebraus. Ja, ich weiß, du führst mich zum Tod, zur Sammelstätte aller Lebenden. Doch nicht an Trümmer legt er die Hand. – Schreit man nicht um Hilfe beim Untergang? Weinte ich nicht um den, der harte Tage hatte, grämte sich nicht meine Seele über den Armen? Ja, ich hoffte auf Gutes, doch Böses kam, ich harrte auf Licht, doch Finsternis kam. Mein Inneres kocht und kommt nicht zur Ruhe, mich haben die Tage des Elends erreicht. Geschwärzt, doch nicht von der Sonne gebrannt, stehe ich auf in der Gemeinde, schreie laut. Den Schakalen wurde ich zum Bruder, den Straußenhennen zum Freund. Die Haut an mir ist schwarz, von Fieberglut brennen meine Knochen. Zur Trauer wurde mein Harfenspiel, mein Flötenspiel zum Klagelied.

(Hiob 30,16–31)

👁 **An wen richtet Hiob seine Klage?**

👁 **Versetze dich in Hiobs Situation und trage den Text in der Klasse vor. Achte ganz besonders auf Mimik, Gestik und Betonung.**

👁 **Was fällt dir an diesem Text in Bezug auf Wortwahl und Sprache auf?**

👁 **Übersetze diesen Text in deine eigene Sprache.**

Wie wird Gott antworten?

Welche Antwort erhält Hiob von Gott? Kreuze an
oder finde weitere mögliche Antworten.

☐ Hiob, du hast mir die Augen geöffnet. Es ist so schrecklich,
was mit dir passiert ist. Ich werde alles rückgängig machen
und dich wieder segnen.

☐ Tut mir Leid, Hiob, ich kann an deinem Unglück nichts
ändern, Satan ist an allem schuld. Er ist für alles Böse
in der Welt verantwortlich.

☐ Dass du dich so gegen mich auflehnst, das enttäuscht
mich sehr. Ich möchte nichts mehr mit dir zu tun haben.

☐ Das ist ja wohl eine Frechheit, wie du mit mir umgehst.
Ich werde dich noch mehr bestrafen. Das soll dir
eine Lehre sein.

☐ Kein Mensch hat das Recht mich anzuklagen,
auch du nicht, Hiob. Du wirst sterben.

☐ Hiob, ich leide mit dir und ich würde dir gerne helfen.
Leider kann ich es nicht.

☐ Hiob, ich bin Gott, ich habe die Welt erschaffen und
ich weiß genau, was ich tue. Wer gibt dir das Recht,
dich gegen mich aufzulehnen?

☐ _____

_____

_____

Gott antwortet aus dem Gewittersturm

Wer ist es, der den Ratschluss verdunkelt mit Gerede ohne Einsicht?

Auf, gürte deine Lenden wie ein Mann: Ich will dich fragen, du belehre mich!

Wo warst du, als ich die Erde gegründet? Sag es denn, wenn du Bescheid weißt.

Wer setzte ihre Maße? Du weißt es ja. Wer hat die Messschnur über ihr gespannt? [...]

Wer verschloss das Meer mit Toren, als schäumend es dem Mutterschoß entquoll,

als Wolken ich zum Kleid ihm machte, ihm zur Windel dunklen Dunst,

als ich ihm ausbrach meine Grenze, ihm Tor und Riegel setzte

und sprach: Bis hierher darfst du und nicht weiter, hier muss sich legen deiner Wogen Stolz? [...]

Haben dir sich die Tore des Todes geöffnet, hast du der Finsternis Tore geschaut?

Hast du der Erde Breiten überblickt? Sag es, wenn du das alles weißt.

Wo ist der Weg zur Wohnstatt des Lichts? Die Finsternis, wo hat sie ihren Ort,

dass du sie einführst in ihren Bereich, die Pfade zu ihrem Haus sie führst?

Du weißt es ja; du wurdest damals ja geboren und deiner Tage Zahl ist groß.

Bist du zu den Kammern des Schnees gekommen, hast du die Kammern des Hagels gesehen, den ich für Zeiten der Drangsal aufgespart, für den Tag des Kampfes und der Schlacht?

Wo ist der Weg dorthin, wo das Licht sich verteilt, der Ostwind sich über die Erde zerstreut? [...]

Kennst du der Steinböcke Wurfzeit, überwachst du das Werfen der Hirsche?

Zählst du die Monde, die tragend sie füllen, kennst du die Zeit ihres Wurfs? [...]

Kommt es von deiner Einsicht, dass der Falke sich aufschwingt und nach Süden seine Flügel ausbreitet?

Fliegt auf dein Geheiß der Adler so hoch und baut seinen Horst in der Höhe?

Auf Felsen wohnt und nächtigt er, auf der Felsenzacke und an steiler Wand.

Von dort erspäht er die Beute, seine Augen schauen ins Weite.

Nach Blut schon gieren seine Jungen; wo Erschlagene sind, ist er zur Stelle. [...]

Mit dem Allmächtigen will der Tadler rechten? Der Gott anklagt, antworte drauf!

(Hiob 38–40 in Auszügen)

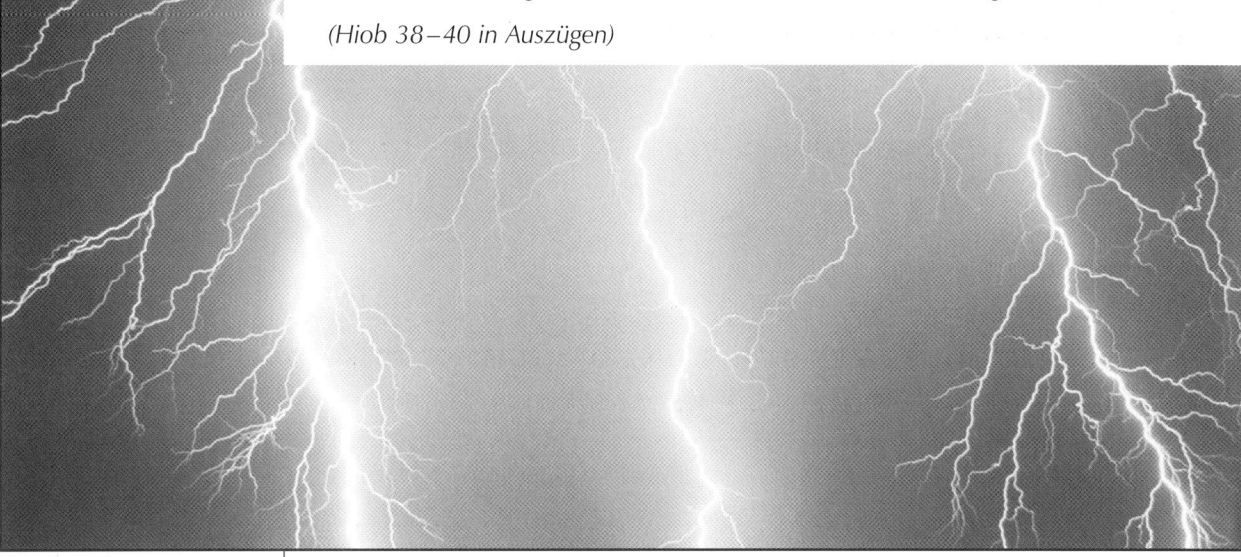

👁 **Fasse Gottes Argumente kurz und in eigenen Worten zusammen.**

👁 **Handelt es sich überhaupt um eine Antwort?**

👁 **Was will Gott Hiob sagen oder zeigen?**

Reaktionen auf die Gottesantwort (1)

Deine Reaktion auf die Gottesantwort:

▸▸ **Was denkst du über Gottes Erwiderung?**

_____

_____

_____

_____

▸▸ **Wie würdest du reagieren, wenn Gott dir diese Antwort gegeben hätte?**

_____

_____

_____

_____

▸▸ **Was glaubst du? Wie wird Hiob wohl auf diese Antwort reagieren?**

_____

_____

_____

_____

Hiobs Reaktion auf die Gottesantwort

Da antwortete Ijob dem Herrn und sprach: Siehe, ich bin zu gering. Was kann ich dir erwidern? Ich lege meine Hand auf meinen Mund. Einmal habe ich geredet, ich tu es nicht wieder; ein zweites Mal, doch nun nicht mehr! *(Hiob 40, 4–5)*

Reaktionen auf die Gottesantwort (2)

Weitere Reaktionen auf die Gottesantwort: Elie Wiesel und Paul Claudel

Der Literaturnobelpreisträger Elie Wiesel erfuhr in der Zeit des Nationalsozialismus das Leid im Vernichtungslager. Seine Überlebensberichte gehören zu den eindrücklichsten Zeugnissen der Shoah. In seiner Bibelauslegung in Erzählform fragt er sich, warum Hiob am Ende des Buches nach der Gottesantwort plötzlich verstummt und seine Fragen zurückzieht:

Gott antwortet ihm mit einer ganzen Serie von Fragen. Wo warst du, als ich die Berge und Winde schuf? Was weißt du von meinen Geheimnissen, um meine Wege und Pläne in Frage zu stellen? Was weißt du von der Gerechtigkeit und von der Art, wie ich über sie verfüge? Und die Wahrheit, die Gnade, das Leben – was weißt du davon, um es zu wagen, von mir eine Erklärung zu fordern? Gott lässt nichts verlauten, was Hiob als Antwort, als Erklärung oder als Rechtfertigung für seine Prüfung interpretieren könnte. Gott sagt weder, du hast gesündigt, du hast dich schlecht benommen, noch sagt er, ich selber habe Unrecht getan. Er hält sich an allgemeine Begriffe und hat nur starke Vereinfachungen anzubieten. Die individuelle Erfahrung Hiobs, seine persönlichen Schicksalsschläge zählen kaum, nur der Kontext, die Gesamtschau zählt. Die Idee vom Leiden bedeutet mehr als das Leiden, und die Idee von der Erkenntnis mehr als die Erkenntnis. Gott spricht mit Hiob über alles, nur nicht über das, was ihn selbst betrifft; er stellt sein Recht auf Individualität in Abrede. Trotzdem erklärt sich Hiob, statt sich zu entrüsten, für befriedigt. [...]
Der wilde Streiter, der unerschrockene Rebell, der es angesichts des Himmels gewagt hat, sich als freier Mensch und Ankläger auszudrücken, beugt jetzt, gleich nach seinem ersten Einsatz, die Stirn. Gott hat kaum gesprochen, und schon bereut Hiob. [...] „Es stimmt", sagt er plötzlich ganz demütig, „ich bin klein und unbedeutend, habe nicht das Recht, eigene Gedanken zu äußern, ich wusste nicht, begriff nicht, konnte nicht wissen."

Elie Wiesel, „Hiobs revolutionäres Schweigen", in: Georg Langenhorst (Hg.), Hiobs Schrei in der Gegenwart. Ein literarisches Lesebuch zur Frage nach Gott im Leid, Matthias-Grünewald-Verlag, 1995, S. 114/115.

- **Wie beurteilt Elie Wiesel die Antwort Gottes?**
- **Was hätte er von Hiob eigentlich erwartet?**
- **Welche Reaktion hättest du von Hiob erwartet?**
- **Kannst du dir vorstellen, warum die biblische Figur Hiob für Elie Wiesel persönlich so wichtig ist? Recherchiere die Biographie Elie Wiesels im Internet oder in Lexika.**

Der französische Autor Paul Claudel befasste sich ebenfalls mit der Gottesrede. Auch er kann nicht nachvollziehen, wie Hiob sich mit einer solchen Antwort zufrieden geben kann:

Welche Enttäuschung! Die ganze Verteidigungsrede Jobs (Hiobs) ist, als wenn sie nicht gehalten worden wäre. Der göttliche Sprecher gibt sich gar keine Mühe, auch nur auf eine seiner Ausführungen, auch nur auf einen seiner Beweise einzugehen! Kein Wort des Trostes, des Mitgefühls oder der Rechtfertigung. Und auch nicht andeutungsweise ein Versprechen oder eine Hoffnung. Sondern eine Zurschaustellung von Macht und Größe, die nicht wesentlich verschieden ist von der bis zur Ermüdung wiederholten und wiedergekäuten Darstellung der drei Biedermänner und des vierten.

Paul Claudel, „Antwort im Kreuz Christi", in: Georg Langenhorst (Hg.), Hiobs Schrei in der Gegenwart. Ein literarisches Lesebuch zur Frage nach Gott im Leid, Matthias-Grünewald-Verlag, 1995, S. 121/122.

- **Wie beurteilt Paul Claudel die Gottesantwort?**
- **Wer ist mit den drei Biedermännern gemeint? Und wer ist der vierte? (Tipp: Hiob 32–37)**

Warum muss Hiob leiden?

Hiob sagt: Die Freunde sagen:

_____   _____

_____   _____

_____   _____

_____   _____

↘   ↙

Wer hat Recht?

_____

Was sagt Gott?

_____

_____

_____

Was glaubst du? Warum muss Hiob leiden?

◯ Wegen der Wette zwischen Gott und Satan?   ◯ Weil er Gott vertraut?

◯ Weil er ein „gutes" Leben geführt hat?   ◯ Weil er Gott anklagt anstatt zu resignieren?

◯ Weil er früher gesündigt hat?   ◯ Weil Leid einfach jeden treffen kann?

◯ Weil er sich von seinen Freunden nichts sagen ließ?   ◯ Weil _____

Hiobs Rechtfertigung und neues Glück

Gott rechtfertigt Hiob gegenüber seinen Freunden

Als der Herr diese Worte zu Ijob gesprochen hatte, sagte der Herr
zu Elifas von Teman:
Mein Zorn ist entbrannt gegen dich und deine beiden Gefährten; denn ihr
habt nicht recht von mir geredet wie mein Knecht Ijob.
So nehmt nun sieben Jungstiere und sieben Widder, geht hin zu meinem Knecht Ijob
und bringt ein Brandopfer für euch dar! Mein Knecht Ijob aber soll für euch Fürbitte
einlegen; nur auf ihn nehme ich Rücksicht, dass ich euch nichts Schlimmeres antue.
Denn ihr habt nicht recht von mir geredet wie mein Knecht Ijob.
Da gingen Elifas von Teman, Bildad von Schuach und Zofar von Naama hin und
taten, was der Herr ihnen gesagt hatte. Und der Herr nahm Rücksicht auf Ijob.

Hiob 42,8–9

 **Wie beurteilt Gott die Ratschläge der Freunde?**

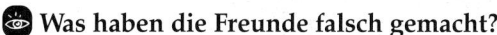 **Was haben die Freunde falsch gemacht?**

Das neue Glück

Der Herr wendete das Geschick Ijobs, als er für seinen Nächsten Fürbitte einlegte;
und der Herr mehrte den Besitz Ijobs auf das Doppelte.
Da kamen zu ihm alle seine Brüder, alle seine Schwestern und alle seine früheren
Bekannten und speisten mit ihm in seinem Haus. Sie bezeigten ihm ihr Mitleid
und trösteten ihn wegen all des Unglücks, das der Herr über ihn gebracht hatte.
Ein jeder schenkte ihm eine Kesita und einen goldenen Ring.
Der Herr aber segnete die spätere Lebenszeit Ijobs mehr als seine frühere.
Er besaß vierzehntausend Schafe, sechstausend Kamele, tausend Joch Rinder
und tausend Esel. Auch bekam er sieben Söhne und drei Töchter.
Die erste nannte er Jemima, die zweite Kezia und die dritte Keren-Happuch.
Man fand im ganzen Land keine schöneren Frauen als die Töchter Ijobs; ihr Vater
gab ihnen Erbbesitz unter ihren Brüdern. Ijob lebte danach noch hundertvierzig
Jahre; er sah seine Kinder und Kindeskinder, vier Geschlechter.
Dann starb Ijob, hochbetagt und satt an Lebenstagen.

Hiob 42,10–17

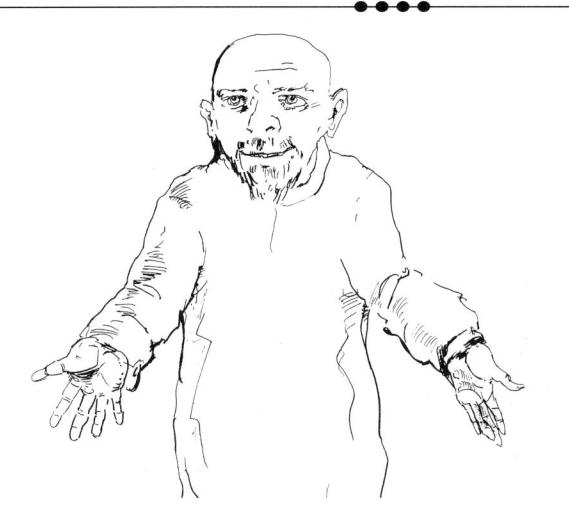

Schau dir die Zahlen in diesen Versen an. Was fällt dir auf? (Vgl. S. 16: Die Zahlensymbolik bei Hiob.)

Die Geschichte endet mit einem Happy-End. Wie hätte die Geschichte auch enden können? Schreibe einen neuen Schluss.

Wie war das noch gleich mit Hiob?

Begriffskärtchen zur Hiob-Geschichte

👁 Sortiere die Kärtchen nach zwei Gesichtspunkten: Begriffe, die mir klar sind, und Begriffe, die mir unklar sind. Suche dir einen Partner oder eine Partnerin und versucht gemeinsam die Begriffe zu klären, die dir nicht klar sind.

👁 Ordne nun die Begriffe so an, wie sie der Bedeutung nach zusammengehören (z.B. wie in einer Mind Map). Die kannst die Kärtchen auch mehrmals verschieben.

👁 Erkläre deinem Partner oder deiner Partnerin deine Struktur und damit auch die wesentlichen Punkte und Zusammenhänge der Hiob-Geschichte. Begründe genau, warum du die Kärtchen so gelegt hast.

Hiob	Gott	Satan
Wette	3 Freunde	Ratschläge
„Hiobsbotschaften"	Theodizee	Trösten
Ermahnen	Erdulden	Klagen
Wut und Schmerz	7 Tage schweigen	Mitfühlen
Gott antwortet	Hiobs neues Glück	Krankheit

Welche Bedeutung hat die Hiob-Erzählung?

Welche Lehre können Christen heute aus der Hiob-Erzählung ziehen?

Die Frage „Warum lässt Gott das Leid in der Welt zu?" wird auch durch die Hiob-Erzählung nicht geklärt. Es gibt schweres unverschuldetes Leid (z.B. Auschwitz). Dies darf nicht als Strafe Gottes gedeutet werden. Leid und Böses in der Welt bleiben ein völliges Rätsel.

Die Fragen „Woher kommt das Leid?" (Ursache), „Warum gibt es Leid?" (Grund), „Worauf zielt das Leid?" (Zweck, Sinn) werden nicht beantwortet, weil sie grundsätzlich nicht beantwortbar sind.

Wir dürfen Gott unser Leid klagen. In der Gottesantwort am Schluss der Erzählung wird nämlich deutlich: Gott akzeptiert ...

▸ Hiobs Verfluchung seiner Geburt
▸ seine Klage und Verzweiflung über sein Leid
▸ sein Beharren auf seiner Unschuld
▸ seine Empörung gegen Gott
▸ seinen Vorwurf, die Welt sei ein ungerechtes, sinnloses Chaos

Gott lehnt die Antworten und somit die Theologie von Hiobs Freunden ab. Die Freunde sagen: Du bist selbst schuld an deinem Leid. Doch dieser Tat-Folge-Zusammenhang lässt sich nicht auf alle Bereiche des Lebens übertragen. Leid ist kein Erziehungs- oder Läuterungsmittel. Gott selbst lehnt die bisher im Alten Testament vorherrschenden Leidenstheorien (Leid als Folge von Sünde) ab.

Gott ist Schöpfer über alles. Auch über den Satan. Das Böse kann nur so viel Raum einnehmen, wie Gott ihm gestattet. Gott allein trägt die Verantwortung für alles!

Wenn Satan die Macht hätte, alles das zu tun, was er wollte, dann wäre er ein zweiter Gott. Warum lässt Gott aber in der Hiob-Novelle den Teufel soviel Unheil anrichten? Das genau ist die Theodizee-Frage, die unbeantwortet bleibt.

Gott steht auf der Seite der Leidenden und nicht auf der Seite der frommen Tröster, die im Namen Gottes helfen wollen.

Es ist wichtiger, das Leid der Menschen zu sehen als ihre Schuld. In der Bibel steht die Leidfrage vor der Schuldfrage. Der Auszug aus Ägypten (Exodus) ist Gottes Antwort auf das Leid der hebräischen Sklaven, nicht auf ihre Schuld. Auch Jesus sieht zuerst die Not des Sünders, dann die Schuld. So schildert Jesus die Not des verlorenen Sohnes wesentlich ausführlicher als dessen Schuld. Die Bitte um das tägliche Brot kommt im „Vater unser" vor der Bitte um Vergebung der Schuld.

Barmherzig sein heißt: Mir ist die Not eines Menschen wichtiger als seine Schuld.

Auch der Platz jedes Christen ist auf der Seite der Leidenden. Unterdrücker und Unterdrückte sind beide Sünder. Es gibt jedoch keine christliche Neutralität. Christen sollen auf der Seite der Leidenden stehen.

Christen sollen soviel Leid wie möglich aus der Welt schaffen. Wo es möglich ist, sollten Christen das Leid bekämpfen. Tun sie es aus Bequemlichkeit nicht, gibt es dafür keine theologische Entschuldigung.

Vgl. Siegfried Zimmer, Hiob und die Theodizeefrage, Vorlesungsscript, Ludwigsburg, o.J.

👁 **Warum, glaubst du, wurde die Hiob-Geschichte geschrieben?**

👁 **Welche Fragen werden für dich durch diese Geschichte beantwortet?**

👁 **Welche Fragen würdest du den Hiob-Autoren gerne stellen?**

👁 **Was, glaubst du, können wir aus der Hiob-Erzählung lernen?**

Klanggestaltung und Meditation

Klanggestaltung

Gemeinsam könnt ihr die Hiob-Geschichte mit Instrumenten umsetzen.
Eure Klanggestaltung baut auf drei klar voneinander
zu unterscheidenden Phasen auf:

1. Hiob geht es gut. Er ist glücklich.

2. Hiob geht es immer schlechter, bis er seinen absoluten Tiefpunkt erreicht
und völlig verzweifelt ist.

3. Hiob geht es auf einen Schlag wieder gut, sogar noch besser als zuvor.

Benutzt für Phase 1 und 3 eher schnelle Rhythmen und hell klingende
Instrumente (z.B. Glockenspiel, Schellenkranz, Metallophon, Klangstäbe ...)

Benutzt für Phase 2 langsame, schleppende Rhythmen und tief klingende
Instrumente (z.B. Bassklangbausteine, Bassxylophon, tiefe Töne am Klavier,
E-Bass ...)

👁 Versucht eure
Klanggestaltung
auch in Bewegungen
umzusetzen!

👁 Unterstützt die
Wirkung eurer
Bewegungen zusätz-
lich durch farbige
Tücher, die Hiobs
jeweilige Stimmung
und Gefühle ausdrü-
cken.

👁 Diejenigen von euch,
die nicht so gerne
Instrumente spielen
oder tanzen, können
zur Klanggestaltung
passende Bilder
malen!

Aufbau der Klanggestaltung:

Hiob geht es besser als zuvor

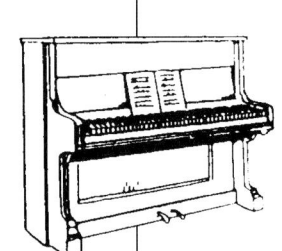

Hiob geht es gut

Tiefpunkt

Eine Geschichte meditieren

Einstimmung:
➤ Nimm eine bequeme Haltung ein.
➤ Schließ deine Augen.
➤ Atme tief aus und ein. Finde deinen Atemrhythmus.
➤ Versuche dich zu beruhigen und lasse dich auf die Meditation ein.

Die Meditation:
➤ Ich erinnere mich an die Erzählung von Hiob.
➤ In Gedanken erzähle ich mir selbst noch einmal die gesamte Geschichte.
➤ Ich überlege mir, was mir an der Geschichte besonders gefallen hat. Nämlich ...
➤ Schreibe anschließend auf, warum dir gerade diese Stelle der Erzählung
besonders gefallen hat.

5. Theodizee: Warum lässt Gott das zu?

Wer ist Gott? (1)

Gott ist für mich ...

👁 Ergänze den Satz „Gott ist für mich …" durch eine persönliche Aussage.

Die Bibel sagt über Gott:

Gott ist der Schöpfer der Welt

▸ Am Anfang schuf Gott Himmel und Erde. *(Genesis 1,1)*

▸ Kommt, lasst uns niederfallen, uns vor ihm verneigen, lasst uns niederknien vor dem Herrn, unserm Schöpfer! *(Psalm 95,6)*

Gott ist gnädig und barmherzig

▸ Der Herr ging an ihm vorüber und rief: Jahwe ist ein barmherziger und gnädiger Gott, langmütig, reich an Huld und Treue. *(Exodus 34,6)*

▸ Du aber, Herr, bist ein barmherziger und gnädiger Gott, du bist langmütig, reich an Huld und Treue. *(Psalm 86,15)*

Gott ist für uns da

In Exodus 3,14 stellt sich Gott Mose mit seinem Namen vor. Auf Moses Frage, welchen Namen Gott habe, antwortet er: Ich bin der „Ich-bin-da". Dieser Name ist ein Versprechen und zeigt Gottes Zuwendung zu den Menschen und seine Bereitschaft, für sie da zu sein.

Gott ist der liebende Vater

▸ Und doch bist du, Herr, unser Vater. Wir sind der Ton, und du bist unser Töpfer, wir alle sind das Werk deiner Hände. *(Jesaja 64,7)*

▸ Jesus ermutigt die Menschen, Gott als Vater direkt anzusprechen, sogar mit der sehr familiären Anrede „Papa" *(auf aramäisch „Abba", vgl. Mk. 14,36, siehe auch Röm. 8,15 und Gal. 4,6).*

▸ [Jesus spricht:] Seht euch die Vögel des Himmels an: Sie säen nicht, sie ernten nicht und sammeln keine Vorräte in Scheunen; euer himmlischer Vater ernährt sie. Seid ihr nicht viel mehr wert als sie? *(Matthäus 6,26)*

Für Gott ist nichts unmöglich, er ist allmächtig und gewaltig

▸ Ich hab' erkannt, dass du alles vermagst; kein Vorhaben ist dir verwehrt. *(Hiob 42,2)*

▸ Als Abram neunundneunzig Jahre alt war, erschien ihm der Herr und sprach zu ihm: Ich bin Gott, der Allmächtige. Geh deinen Weg vor mir, und sei rechtschaffen! *(1. Mose 17,1)*

▸ Der frühen christlichen Kirche war der Glaube an Gottes Herrschaft über das All, an Gottes Allmacht so wichtig, dass sie ihm im ersten Artikel des Glaubensbekenntnisses Ausdruck gegeben hat: „Ich glaube an Gott, den Vater, den Allmächtigen ..."

Wer ist Gott? (2)

👁 Schlage in der Bibel die angegebenen Stellen nach und
schreibe die Verse ab. Finde jeweils eine passende Überschrift:

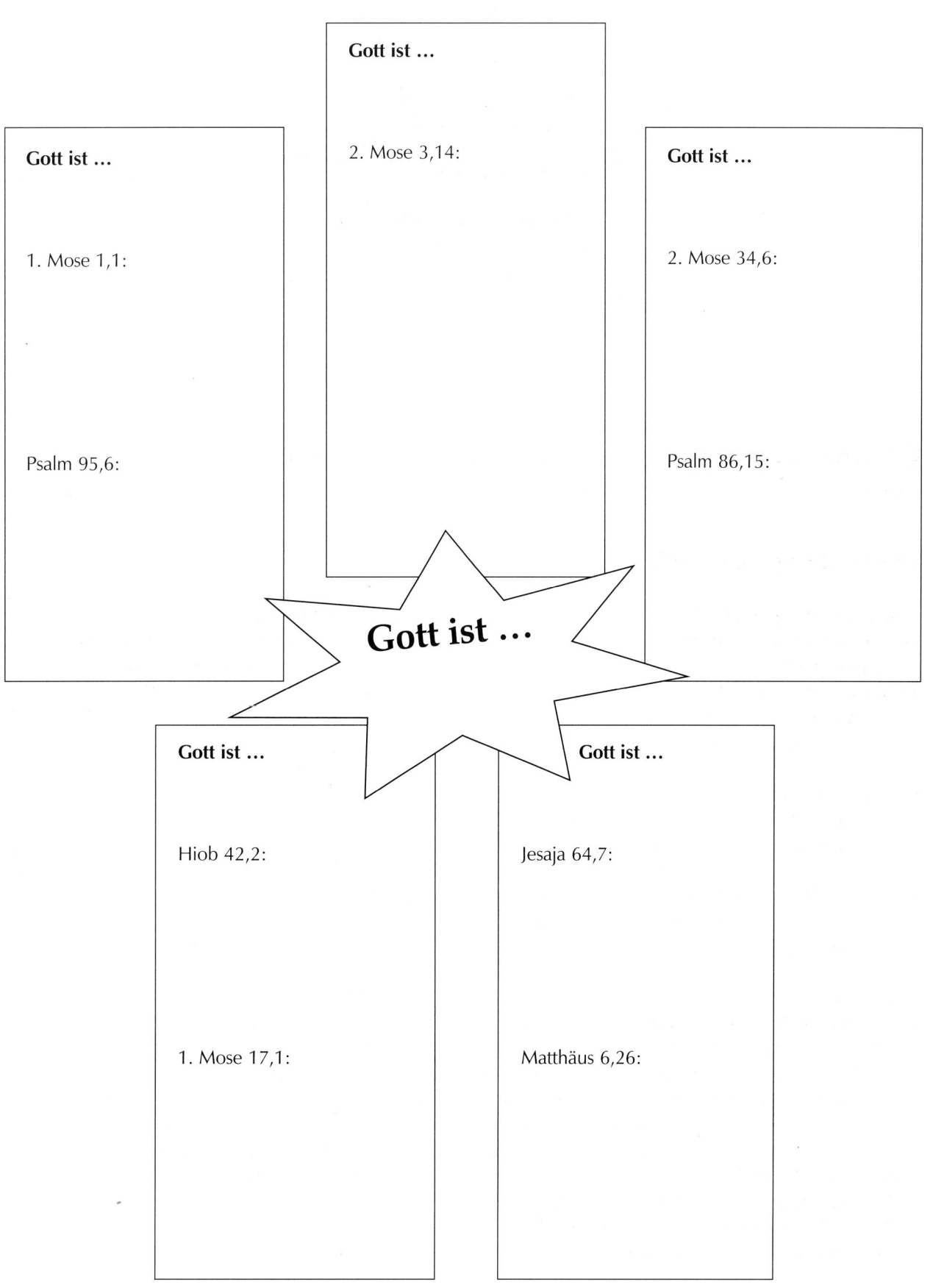

Gott ist …

2. Mose 3,14:

Gott ist …

1. Mose 1,1:

Psalm 95,6:

Gott ist …

2. Mose 34,6:

Psalm 86,15:

Gott ist …

Gott ist …

Hiob 42,2:

1. Mose 17,1:

Gott ist …

Jesaja 64,7:

Matthäus 6,26:

Die Theodizee-Frage

Theodizee-Frage (von griechisch *theos* = Gott und *dike* = Gerechtigkeit):
Sie bezeichnet die Frage, warum Gott das Leid in der Welt zulässt. Das Haupt-
problem dabei ist, dass Gott einerseits als allmächtig, gütig und gerecht dargestellt wird und andererseits viele unschuldige Menschen trotzdem Leid erfahren (z.B. durch Naturkatastrophen). Die Frage stellt sich vor allem in Religionen, die an nur einen einzigen Gott glauben, sogenannte monotheistische
Religionen. In Religionen mit mehreren Göttern sind diese meist in gute
und böse Götter aufgeteilt und entsprechend für das Schicksal der Menschen
verantwortlich.

Wie passt das zusammen?

Die Güte Gottes

Leid in der Welt

👁 Ergänze:

Wenn Gott allmächtig und gütig ist _____

_____

_____

Wenn Gott allmächtig und zu verstehen ist _____

_____

_____

Wenn Gott gut und zu verstehen ist _____

_____

_____

_____

Menschen stellen Gott in Frage

Wolfgang Borchert stellt in seinem Drama „Draußen vor der Tür" angesichts der Grausamkeiten des Kriegs die Frage an Gott:

„Wo warst du eigentlich, als die Bomben brüllten, lieber Gott? Oder warst du lieb, als von meinem Spähtrupp elf Mann fehlten? [...] Die elf Mann haben gewiss laut geschrien in dem einsamen Wald, aber du warst nicht da, einfach nicht da, lieber Gott. Warst du in Stalingrad lieb, lieber Gott [...]? Wann warst du eigentlich lieb, lieber Gott, wann?"

Wolfgang Borchert, Draußen vor der Tür, Rowohlt Verlag, 1996, S. 148.

👁 Was würdest du Wolfgang Borchert antworten?

_____

_____

_____

_____

_____

_____

_____

_____

Ein junger deutscher Soldat schreibt aus Stalingrad:

„In Stalingrad die Frage nach Gott stellen, heißt, sie verneinen. Ich muss Dir das sagen, lieber Vater, und es ist mir doppelt leid darum. Ich habe Gott gesucht in jedem Trichter, in jedem zerstörten Haus, an jeder Ecke, bei jedem Kameraden, wenn ich in meinem Loch lag, und am Himmel. Gott zeigte sich nicht, wenn mein Herz nach ihm schrie. Nein Vater, es gibt keinen Gott. Und wenn es doch einen Gott geben sollte, dann gibt es ihn nur bei Euch, in den Gesangbüchern und Gebeten, den frommen Sprüchen der Priester und Pastoren, dem Läuten der Glocken und dem Duft des Weihrauches, aber in Stalingrad nicht."

Geschichte in Quellen, Band V, Bayerischer Schulbuch Verlag, 1961.

👁 Erkundige dich, was im Zweiten Weltkrieg in Stalingrad passierte.

👁 Wie könnte ein Brief eines Soldaten aussehen, der in derselben Situation steckt und an Gott glaubt?

👁 Auf der Gürtelschnalle der deutschen Wehrmacht im Zweiten Weltkrieg stand: „Gott mit uns". Was denkst du darüber?

Wenn ich Gott wäre ...

Projektvorschlag:

💡 Stell dir vor, du wärst Gott. Würdest du etwas gegen das Leid auf der Welt unternehmen? Was genau würdest du ändern?

Wenn ich Gott wäre, dann

_____

_____

_____

_____

_____

Petrus Ceelen:
Wenn wir Menschen wären

Wenn ich Gott wäre,
könnte ich nicht zusehen,
wie Neugeborene
verhungern.

Wenn ich Gott wäre,
könnte ich nicht zusehen,
wie kleine Kinder
misshandelt werden.

Wenn ich Gott wäre,
könnte ich nicht zusehen,
wie Männer und Frauen
gefoltert werden.

Wenn ich Gott wäre,
könnte ich nicht zusehen,
wie einige wenige im Land
alle anderen ausbeuten.

Wenn ich Gott wäre,
könnte ich nicht zusehen,
wie die Armen in der Welt
immer ärmer
und die Reichen
immer noch satter werden.

Wenn ich Gott wäre,
könnte ich nicht zusehen,
wie immer mehr Geld
für Rüstung ausgeben wird.

Wenn ich Gott wäre?

Nicht einer würde mehr
verhungern,
misshandelt,
gefoltert oder ausgebeutet,
wenn wir Menschen
wirklich Menschen wären!

_Petrus Ceelen, So wie ich bin. Gespräche mit Gott,
Patmos Verlag, 1984, S. 66-67._

👁 Was, glaubst du, wäre alles anders, wenn wir wirklich Menschen wären?

👁 Was bedeutet „sich menschlich verhalten"?
Findet gemeinsam eine Definition.

Warum lässt Gott das zu? Erklärungsversuche

Gottfried Wilhelm Leibniz (1636–1716) prägte erstmals den Begriff der Theodizee. Die klassische Theodizeefrage lautet: Ist das Leid eine Widerlegung Gottes? Sie zählt zu den religiösen Kernfragen und tritt in den meisten Religionen auf.

> Leid ist auch nur Liebe. Warte eine kleine Weile, und du wirst es erfahren. *(Gertrud von Le Fort)*
>
> Wir leiden an Übeln, die wir uns selbst auferlegen, und schreiben sie Gott zu, der ganz und gar nichts mit ihnen zu tun hat. *(Moses Maimonides)*
>
> Leiden sind Lehren. *(Herodot)*
>
> Erst das Leid macht unsere Welt menschlicher, wärmer und sozialer. *(Joachim Schumann)*
>
> Das ungelöste Theodizee-Problem ist der „Fels des Atheismus". *(Georg Büchner)*
>
> Wenn man das unendliche Leid der Welt anschaut, kann man nicht glauben, dass es einen Gott gibt. Aber lässt sich das nicht auch umdrehen? Nur wenn es einen Gott gibt, kann man dieses unendliche Leid in der Welt überhaupt anschauen. *(Hans Küng)*
>
> Das Leiden an sich ist kein Zeichen der Abwesenheit Gottes. *(Hans Küng)*
>
> Gott hilft uns nicht immer am Leiden vorbei, aber er hilft uns hindurch. *(Johann Albrecht Bengel)*

👁 Welches Zitat spricht dich besonders an. Warum?

👁 Warum lässt Gott das Leid in der Welt zu? Finde eine eigene Antwort.

Auf die Frage „Warum lässt Gott das Leid zu?" finden sich viele unterschiedliche Antworten. Eine Reihe von Antworten findest du im Internet: **http://home.t-online.de/home/MH.Reinhardt/texte/hiobanf.htm**; klick auf die Rubrik „Theodizee – Rechtfertigung des Schöpfers".

👁 Diskutiert gemeinsam die Antworten, die ihr dort findet.

Der Philosoph Epikur stellt die Theodizee-Frage

Bereits der griechische Philosoph Epikur (341–270 v. Chr.) hat das Problem der Theodizee gewälzt. Er hat zunächst mehrere theoretische Lösungsmöglichkeiten aufgestellt und diese dann anhand dessen, was wir über Gott wissen, auf ihre Plausibilität überprüft:

Entweder will Gott die Übel beseitigen und kann es nicht:
Das würde bedeuten, Gott ist schwach. Wir wissen aber, dass Gott nicht schwach ist.

Oder Gott kann die Übel beseitigen und will es nicht:
Das würde bedeuten, Gott ist den Menschen gegenüber missgünstig gestimmt. Wir wissen aber, dass Gott den Menschen günstig gestimmt ist.

Oder Gott will es nicht und kann es nicht:
Das würde bedeuten, Gott ist schwach und missgünstig zugleich – wenn das so wäre, wäre er nicht Gott.

Oder Gott will es und kann es.
Allein diese Aussage ist mit dem zu vereinen, was wir über Gott wissen. Damit bleibt aber die Frage: Woher kommen die Übel? Und warum räumt Gott sie nicht aus der Welt?

👁 **Ergänze die folgenden Sätze in eigenen Worten:**

➡ Entweder will Gott die Übel beseitigen und kann es nicht.
Dann ist Gott ...

_____

_____

➡ Gott könnte die Übel beseitigen, will es aber nicht.
Dann ist Gott ...

_____

_____

➡ Gott will die Übel nicht beseitigen und kann es auch nicht.
Dann ist Gott ...

_____

_____

➡ Gott will die Übel beseitigen und er kann es.
Dann ist Gott ...

_____

_____

6. Hoffnung: Warum nicht?

Umfrage: Wie gehen Sie mit Leid um?

*„Trauernde Mutterfigur"
von Käthe Kollwitz, Neue
Wache – Gedenkstätte für
Kriegsopfer.*

▸▸ **Gabriele F., 26 Jahre:**
„Immer, wenn es mir schlecht geht, treffe ich mich mit meinen Freunden und
rede über Gott und die Welt. Manchmal spreche ich auch gezielt meine Probleme an und die anderen hören zu. Dann geht es mir meistens wieder viel besser."

▸▸ **Nadja W., 42 Jahre:**
„Wenn es mir ganz schlecht geht, rufe ich bei der Telefonseelsorge an.
Allein schon, dass mir jemand zuhört, hilft mir enorm. Hier kann ich alles sagen,
was mich belastet und was ich fühle. Der Vorteil ist, dass mich der Seelsorger
am anderen Ende der Leitung nicht kennt."

▸▸ **Christian K., 22 Jahre:**
„Bei Krisen bete ich oft zu Gott und bitte ihn, dass er mir hilft. Mit dem Gebet
hab ich bisher sehr gute Erfahrungen gemacht. Ich glaube fest daran,
dass Gott uns auch helfen möchte."

▸▸ **Sabine E., 17 Jahre:**
„Große Probleme machen mich ziemlich fertig. Doch dann sag ich mir immer,
dass die Zeit alle Wunden heilt. Und so war es bisher auch meistens. Man muss
nur lange genug warten, dann verschwinden die meisten Probleme."

▸▸ **Ingrid G., 52 Jahre:**
„Da ich immer wieder Probleme mit meinem Leben habe, bin ich regelmäßig
in einer Selbsthilfegruppe. Hier kann jeder von seinen Problemen erzählen und
wir helfen uns dann gegenseitig. Besonders helfen mir da Leute, die ähnliche
Probleme schon durchlebt haben."

▸▸ **Heinz B., 36 Jahre:**
„Die meisten Probleme sehen nach zwei Flaschen Bier schon gar nicht mehr
so schlimm aus. Ich denke nicht, dass Alkohol wirklich Probleme lösen kann.
Alkohol kann aber helfen, die Probleme nicht mehr ganz so eng zu sehen."

▸▸ **Mario P., 39 Jahre:**
„Seit einem Jahr bin ich in psychotherapeutischer Behandlung. Hier werde ich
von einem Fachmann betreut und das hilft mir ungemein."

▸▸ **Katharina D., 17 Jahre:**
„Immer wenn ich in einer Krise stecke, treibe ich sehr viel Sport. Danach geht es
mir meist schon wieder ein bisschen besser."

👁 Frage auch andere Leute, wie sie mit Leid umgehen.

👁 Welche Antworten findest du besonders gut? Warum?

👁 Schreibe deine eigene Antwort dazu.

👁 Erkundige dich: Was bedeutet Telefonseelsorge?
Was bedeutet psychotherapeutische Behandlung?

Umgang mit Leid und die richtige Einstellung

Leid und Schmerz gehören zum Leben. Dies gilt für alle Menschen zu allen Zeiten. Meist haben wir keinen Einfluss auf das Leid, es passiert einfach. **Auf die Frage** „Warum gerade ich?" gibt es in der Regel keine plausible Antwort. **Oft bleibt nur die Gegenfrag:** „Warum nicht?"

Worauf wir allerdings Einfluss haben, ist die Intensität und die Dauer des Schmerzes und des Leids bzw. des Leidens. Die eigene Einstellung kann die Intensität und die Dauer von Schmerz und Leid entscheidend beeinflussen. Je eher ich in der Lage bin, die Dinge so zu akzeptieren, wie sie sind, desto besser lerne ich mit Ihnen umzugehen.

> Auch aus den Steinen, die dir in den Weg gelegt werden, kannst du etwas Schönes bauen. *(Erich Kästner)*
>
> Ändere die Situation oder deine Einstellung.
>
> Halte jeden Tag dreißig Minuten für deine Sorgen frei, und in dieser Zeit mache ein Nickerchen. *(Abraham Lincoln)*
>
> Die Gesundheit ist wie das Salz. Man bemerkt es nur, sobald es fehlt.
>
> Wer schon auf dem Meeresgrund war, fürchtet sich nicht mehr vor Pfützen.
>
> Fühle mit allem Leid der Welt, aber richte deine Kräfte nicht dorthin, wo du machtlos bist, sondern zum Nächsten, dem du helfen, den du lieben und erfreuen kannst. *(Hermann Hesse)*
>
> Wer aber weiß, dass Gott in Jesus Christus selbst in unser Leid eingegangen ist, der darf mit großem Vertrauen sagen: „Du bist bei mir, dein Stecken und Stab trösten mich." *(Dietrich Bonhoeffer)*
>
> Der ausgesprochene Schmerz und die Klage gehören zum menschlichen Leben und Leiden dazu.
>
> Unglück ist auch gut. Ich habe viel in der Krankheit gelernt, das ich nirgends in meinem Leben hätte lernen können. *(Johann Wolfgang von Goethe)*
>
> Geteiltes Leid ist halbes Leid.

 Welche Aussagen sprechen dich besonders an?

Sich selbst Hoffnung geben

👁 Füll die Sprechblasen aus.

Gestern hat mein Freund mit mir Schluss gemacht. Ich könnte nur noch heulen.

Zum Glück habe ich meine beste Freundin, die mich versteht und tröstet. Sie …

Mit meinen Eltern habe ich sehr viel Stress. Das belastet mich sehr.

Gott sei dank habe ich …

Mit meinem Klassenlehrer komme ich überhaupt nicht klar. Ich habe keine Lust auf Schule.

Ich könnte …

Beim Skateboardfahren habe ich mir das Schienbein gebrochen. Leider kann ich nun nicht mit ins Schulland-heim fahren.

Wenigstens …

Leid in anderen Religionen: Der Buddhismus (1)

Interview mit einem Buddhisten

Du bist Buddhist. Glaubst du an Gott?

„Mit der Vorstellung, dass es einen allmächtigen Gott gibt, der alles geschaffen hat, kann ich überhaupt nichts anfangen. Zum einen finde ich die Idee eines allmächtigen Schöpfers unlogisch und zum anderen fände ich so einen Gott ziemlich beängstigend. Wenn man sich anschaut, in was für einem Zustand unsere Welt ist, dann muss dieser allmächtige Gott so schräg drauf sein, dass ich nichts mit ihm zu tun haben möchte!"

Warum geht es manchen Menschen schlecht und manchen Menschen gut?

„Wir schaffen ständig unsere eigene Zukunft durch das, was wir denken, sagen und tun. Wir Buddhisten nennen das das Prinzip von Ursache und Wirkung (auf Sanskrit „Karma"). Jede Handlung, aber auch Worte und Gedanken, hinterlassen Eindrücke in unserem Geist, irgendwann werden diese Eindrücke reif und dann erlebt man die Folgen seiner Handlungen. Hat man positiv gehandelt, erlebt man Glück, hat man negativ gehandelt, erlebt man Probleme und Leid. Es ist so, wie wenn man Samen in die Erde legt. Sät man Bananen, erntet man Bananen, sät man Brennnesseln, erntet man Brennnesseln. Die Früchte kommen nicht sofort, aber sie kommen sicher."

Wie erklärst du dir, dass es so viel Leid in der Welt gibt?

„Die Wesen sind sehr verwirrt. Sie erkennen nicht, dass ihr Geist ein riesiges Potential besitzt, das sich spielerisch und liebevoll ausdrückt. Sie denken immer nur an ihr eigenes „Ich", das sie ganz getrennt von der Welt sehen, in der dieses „Ich" lebt. Passiert etwas, was diesem „Ich" gefällt, versuchen sie, es mit aller Kraft festzuhalten, passiert etwas, was dem „Ich" nicht gefällt, versuchen sie das wegzuschieben oder kaputtzumachen. Weil sich die Welt ständig verändert, funktioniert dieses Festhalten und Wegschieben aber meistens nicht. Dann entstehen Gefühle wie Zorn, Begierde, Eifersucht, Geiz und Stolz. Handelt man aus solchen Gefühlen heraus, tut man oft Dinge, die anderen schaden und sie verletzen. Durch das Prinzip von Ursache und Wirkung erfährt man dann irgendwann Leid als Folgen dieser Handlungen. Dabei sind die Leute aber nicht eigentlich böse, sondern dumm. Sie handeln negativ, weil sie ihr eigenes Wesen, ihre eigene Natur nicht verstehen."

● ● ●

👁 Was gibt der Buddhist für Gründe dafür an, dass er nicht an Gott glaubt?

👁 Versuche die ersten drei Interviewfragen für dich selbst zu beantworten.

Leid in anderen Religionen: Der Buddhismus (2)

Was muss ich tun, damit es mir im nächsten Leben besser geht?

„Diese Frage ist sehr wichtig. Nach buddhistischem Verständnis ist Karma nämlich kein Schicksal, das man einfach hinnehmen muss. Das Prinzip von Ursache und Wirkung bedeutet, dass man in jedem Moment seine eigene Zukunft schafft. Damit beeinflusst man nicht nur zukünftige Leben, sondern schon dieses. Möchte man in der Zukunft Glück erleben, bedeutet das zum einen, Dinge zu tun, die anderen nutzen, mit der Motivation zu handeln, den Wesen wirklich zu helfen. Zum anderen sollte man lernen den eigenen Geist besser zu verstehen, zu verstehen, dass es dieses enge, abgegrenzte „Ich", mit dem wir uns immer identifizieren, eigentlich gar nicht gibt."

Ist es nicht Zufall, wo jemand geboren wird?

„Nein, das ist kein Zufall. Das Karma, das wir im Lauf vieler Leben ansammeln, drückt sich unter anderem darin aus, an welchem Ort und unter welchen Umständen man geboren wird."

**Warum müssen auch Kinder sterben?
Sie haben doch noch gar nichts Böses getan.**

„Wir werden seit unendlich langer Zeit immer wieder geboren. Die Eindrücke in unserem Geist nehmen wir dabei von einem Leben ins nächste mit. Kinder, die früh sterben, haben wahrscheinlich in einem früheren Leben selbst viel getötet. Dieser Gedanke hört sich vielleicht grausam an, aber ich finde die Vorstellung, dass Kinder aus Zufall sterben oder weil ein allmächtiger Gott das will, viel grausamer. Schließlich bedeutet Ursache und Wirkung, dass man in jedem Moment etwas tun kann, um die eigene Zukunft zu beeinflussen."

Wie kommt es dazu, dass manchmal ganze Völker ausgerottet werden?

„Jeder hat sein eigenes Karma, die eigenen Eindrücke im Geist. Aber Leute, die ähnliche Eindrücke im Geist angesammelt haben, werden oft in Situationen wiedergeboren, in denen sie gemeinsam viel Glück oder viel Leid erleben."

(Das Interview wurde vom Autor geführt.)

● ● ●   ● ● ●

👁 **Wie wirken sich laut Interview unsere Handlungen auf unser Leben aus?**

👁 **Nenne Gefühle, die unser Leben negativ beeinflussen können.**

👁 **Kann es einem im nächsten Leben besser gehen? Was muss man dafür tun?**

👁 **Bietet uns der Buddhismus eine Lösung für die Frage,
warum es Leid in der Welt gibt? Welche?**

👁 **Wie siehst du persönlich die Antwort auf die letzte Frage?
Diskutiert gemeinsam.**

Vier Weltanschauungen

Hier sind die Aussagen von vier Männern: Frank, Christian, Andreas und Mark.
Sie wurden alle in der gleichen Stadt geboren und gingen zusammen zur Schule.
Sie sind sogar befreundet, aber sie glauben etwas völlig Unterschiedliches.

Frank ist Christ.

Er antwortet auf die Frage, wer für das Leid in der
Welt verantwortlich ist:
*„Der Sinn von Leid ist für uns oft unerklärlich und wir
sollten dem Leidenden auch keine Deutung seines
Leids aufdrängen. Aber wir können sicher sein, dass
Gott unserer Klage zuhört und sie versteht, weil in
Jesus Christus Gott selbst gelitten hat."*

Christian ist Atheist.

Er sagt: *„Es ist alles nur Zufall. Den einen trifft
es eben, den anderen nicht. Der eine hat
einfach Glück und der andere Pech. Aber
einen Gott, der alles lenkt, gibt es nicht.
Da wären wir Menschen ja nur Marionetten."*

Andreas ist Buddhist.

Er sagt: *„Ich glaube weder an Gott noch an den Zufall.
Unser Leben ist von Ursache und Wirkung bestimmt.
Wenn wir etwas Schlechtes tun, so müssen wir das
irgendwann ausbaden. Das kann auch in einem
späteren Leben sein. Wenn wir etwas Gutes tun,
so erleben wir Glück."*

Mark ist Moslem.

Er sagt: *„Alles, was uns in diesem Leben
widerfährt, entspricht dem Willen Gottes,
also auch das Leid. Wir sollen Gott in allen
Dingen vertrauen. Im Leid prüft uns Gott
oder er bestraft uns für das, was wir
getan haben."*

 **In der Stadt, in der die vier wohnen, wird ein zwölfjähriges Mädchen
entführt und getötet. Wie erklären die vier wohl, was passiert ist?
Versuche für jeden eine passende Antwort zu finden.**

Der Lebensweg – ein Labyrinth? (1)

Das Labyrinth kann als Symbol für den menschlichen Lebensweg gesehen werden. Es macht deutlich, dass der Weg zur Mitte ein anspruchsvoller, langer und auch leidvoller Weg ist. Rasch und billig ist hier nichts zu haben.

Das Labyrinth gehört zu den ältesten symbolischen Zeichen der Menschheit und ist in verschiedenen Kulturen zu finden. Es entstand vor über 3000 Jahren im Mittelmeerraum.

Definition des Labyrinths

- ▸▸ Es gibt nur einen Weg (im Gegensatz zum Irrgarten).
- ▸▸ Der Weg wechselt ständig die Richtung.
- ▸▸ Der Weg durch das Labyrinth hat keine Kreuzungen.
- ▸▸ Mit einem Maximum an Umwegen wird der Innenraum ausgefüllt.
- ▸▸ Der Besucher wird immer wieder am erstrebten Ziel vorbeigeführt.
- ▸▸ Der Weg mündet zwangsläufig ins Zentrum.
- ▸▸ Im Zentrum muss man umkehren und denselben Weg zurückgehen.

Das Labyrinth von Chartres (gotisches Labyrinth)

Im 13. Jahrhundert entstand in der Kathedrale von Chartres ein begehbares Bodenlabyrinth mit elf konzentrischen Kreisen. Die Wege dieses Umgangslabyrinths sind jeweils 34 cm breit, so grau wie der umliegende Steinboden und voneinander durch schwarz-blaue Marmorstreifen getrennt.

Der Durchmesser des gesamten Labyrinths beträgt knapp dreizehn Meter. Die gesamte Wegstrecke durch das Labyrinth vom Eingang bis zur Mitte beträgt fast dreihundert Meter.

Die Weg-Symbolik im gotischen Labyrinth

Das gotische Labyrinth hat im Innern die Form eines Kreuzes: Der Schnittpunkt bildet den Mittelpunkt und damit auch das Ziel des Labyrinths. Alle Wendungen des Weges werden an diesem Kreuz angeordnet. Das Kreuz „zwingt" zur Wende.

- ▸▸ Das gotische Labyrinth beschreibt elf Kreise. In der christlichen Zahlensymbolik ist elf die Zahl der Unvollkommenheit. Unerreicht bleibt die Zahl zwölf, die als Zeichen der Vollkommenheit gilt (vgl. zwölf Apostel und zwölf Monate). Ich gehe also den Weg zur Mitte immer als unvollkommener Mensch. Aus dem vorgegebenen Pfad kann keiner ausbrechen, auch derjenige nicht, der sich ehrlich und gläubig auf den Weg macht.
- ▸▸ Das gotische Labyrinth hat achtundzwanzig Kehren: Achtundzwanzigmal muss man anstoßen, umkehren, umdenken, wenn man den Weg abschreitet – so oft, wie ein Mondmonat Tage hat.
- ▸▸ Die Distanz vom Ausgangspunkt bis zur Mitte misst bei gotischen Labyrinthen knapp sieben Meter. Tatsächlich legt man aber fast dreihundert Meter zurück. Der Weg ist vierzigmal länger. Die Zahl vierzig ist die Zahl der Läuterung. Vierzig Jahre waren die Israeliten unterwegs, ehe sie das gelobte Land erreichten. Vierzig Tage fastete Jesus in der Wüste, ehe er sein Werk begann.

Die Pilger pflegten zur Stärkung des Geistes durch das gotische Labyrinth zu gehen oder auf den Knien durchzurutschen. Wer sich selbst, den Sinn des Lebens und Gott erfahren will, der muss bereit sein, den Weg mit all seinen Kehren und in seiner gesamten Länge auf sich zu nehmen.

Der Lebensweg – ein Labyrinth? (2)

Im Labyrinth meditieren

Das Labyrinth ist ein Symbol des Lebens. Es will einladen, sich auf den Weg zu machen. Am Ende des Weges wartet die Mitte, das Ziel. [...]

Wer ein Labyrinth betritt, hat das Ziel bereits vor Augen. Die Distanz scheint nur kurz zu sein. Doch der Weg führt um die Mitte herum, und dann sogar immer weiter weg, hinaus in die Wirrungen des Labyrinths. Es stellt sich die Frage, ob man überhaupt noch auf dem richtigen Weg ist und ob es sinnvoll ist, noch weiter zu gehen. Irgendwann gelangt man praktisch dort an, wo man aufgebrochen ist. Kein Fortschritt ist zu erkennen. Weit ist man gegangen und nun ist man fast wieder beim Ausgangspunkt. Doch dann biegt der Weg wieder zur Mitte und auf einmal, unvermutet schnell, ist man am Ziel. [...]

Auf dem Weg zum Ziel gibt es keine Abkürzung. Es muss alles gegangen, alles erfahren sein. Nichts kann ausgelassen und nichts übersprungen werden, keine gute, keine schlechte Erfahrung, keine Begegnung, kein Tag und kein Schritt. Die einzige Alternative wäre stehen bleiben, den Weg verweigern. Aber das führt nicht zum Ziel.

Gernot Candolini, Labyrinthe. Ein Praxisbuch zum Malen, Bauen, Tanzen, Spielen, Meditieren und Feiern, Pattloch-Verlag, 1999, S. 16.

Leid in deinem bisherigen Leben

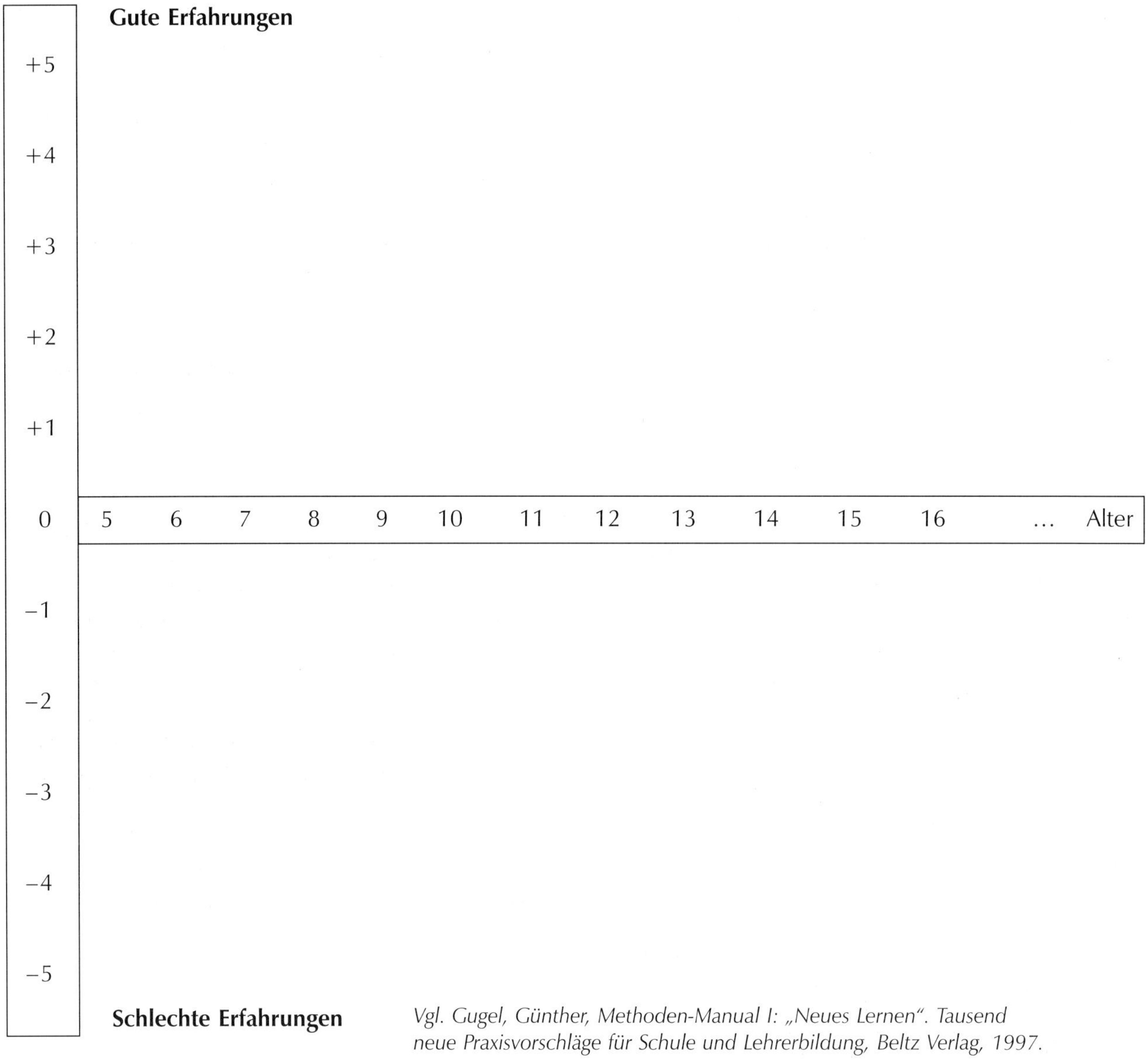

Gute Erfahrungen

```
+5
+4
+3
+2
+1
 0   5    6    7    8    9   10   11   12   13   14   15   16   ...  Alter
-1
-2
-3
-4
-5
```

Schlechte Erfahrungen

Vgl. Gugel, Günther, Methoden-Manual I: „Neues Lernen". Tausend neue Praxisvorschläge für Schule und Lehrerbildung, Beltz Verlag, 1997.

- Trage in das Koordinatensystem gute und schlechte Erfahrungen ein, die du in deinem Leben gemacht hast. Stufe dabei ihre Bedeutung (auf der Skala von +5 bis −5) ein.

- Welche Erfahrungen überwiegen in deinem Leben?

- Wie erging es dir damals bei den schlechten Erfahrungen?

- Wie beurteilst du aus heutiger Sicht diese schlechten Erfahrungen von damals?

- Stell dir vor, du könntest dir ein Leben ganz ohne Leid wünschen. Wie sähe dieses Leben aus?

- Lies den den Text „Leben ohne Schatten". Stimmst du dem Autor zu?

Leben ohne Schatten

Leben ohne Schatten ist Leben ohne Sonne, wer nie im Dunkeln saß, beachtet kaum das Licht. Leben ohne Tränen, ist Leben ohne Lachen, wer nie verzweifelt war, bemerkt das Glück oft nicht.

Aus: Jürgen Werth (Text) und Johannes Nitsch (Musik), Josef: Ein Poporatorium, Hänssler Verlag, 1988.

Jesus und das Leid

Jesus verkündet keine Theorie des Leidens, sondern wendet sich ganz konkret den Betroffenen zu. Er lehnt es ab, vom Leid eines Menschen auf seine Sünde zu schließen. Jesus zeigt durch seine Worte und sein Handeln, dass Gott das Leiden nicht will.

In seiner so genannten „Antrittspredigt" macht Jesus sein Programm deutlich *(Lukas 4,16–20)*:

So kam er [Jesus] auch nach Nazaret, wo er aufgewachsen war, und ging, wie gewohnt, am Sabbat in die Synagoge. Als er aufstand, um aus der Schrift vorzulesen, reichte man ihm das Buch des Propheten Jesaja. Er schlug das Buch auf und fand die Stelle, wo es heißt: „Der Geist des Herrn ruht auf mir; denn der Herr hat mich gesalbt. Er hat mich gesandt, damit ich den Armen eine gute Nachricht bringe; damit ich den Gefangenen die Entlassung verkünde und den Blinden das Augenlicht; damit ich die Zerschlagenen in Freiheit setze und ein Gnadenjahr des Herrn ausrufe."

👁 **Welchen Gruppen von Notleidenden möchte Jesus helfen?**

Auch in den Seligpreisungen zu Beginn der Bergpredigt wird Jesus Einstellung zum Leid sehr deutlich. Entgegen allen Erfahrungen in dieser Welt verkündet er *(Lukas 6,20/21)*:

Selig, ihr Armen, denn euch gehört das Reich Gottes.

Selig, die ihr jetzt hungert, denn ihr werdet satt werden.

Selig, die ihr jetzt weint, denn ihr werdet lachen.

👁 **Lies die Rede vom Weltgericht (Matthäus 25,31–46). Mit wessen Leid indentifiziert sich der Menschensohn?**

Der Christus der Armen

Im folgenden Text wird beschrieben, wie die Christen in Brasilien Jesus wahrnehmen und welche Rolle er für ihr eigenes Leben spielt.

Er [Jesus] wird zum Vorbild im Leiden, weil er schweigend alle Ungerechtigkeit erduldete und so durch sein Leiden Gott wohl gefiel. Ein Volk von Sklaven und Ausgebeuteten [gemeint ist Brasilien], dem die Kirche jahrhundertelang Resignation gepredigt hat, kann sich nur schwer einen siegreichen Christus vorstellen. Stattdessen verinnerlichte der einfache Mensch das Bild des ungerecht gegeißelten, gefolterten und ermordeten Erlösers und übertrug auf ihn die Erfahrungen seines eigenen Lebens. So kommt es, dass die Volksreligion trotz der Liebe der Bevölkerung zu Bewegung und Musik im Grunde traurig gestimmt ist. Sie neigt zu Devotionen [Andachten], die von Schmerzen sprechen, und ignoriert den Ostersonntag, weil das Volk keine Erfahrung kennt, die als Verständnismodell für die Auferstehung Christi dienen könnte. Im Gegenteil, immer wieder lassen sich die Menschen von der Betrachtung der Tragödie des Karfreitags erschüttern. Und immer wieder sieht man Dornenkrone, Blut und Kreuz Christi. Die Füße Jesu sind die des Landarbeiters, der nie Schuhe getragen hat, seine Hände die des Sklaven, und im Antlitz Christi spiegeln sich das Schicksal und die Resignation eines Volkes ohne Hoffnung. So ist es wirklich das Gesicht des „Schmerzensvolkes".

L. A. de Boni, „Kirche und Volkskatholizismus in Brasilien", in: Theologie aus der Praxis des Volkes. Neuere Studien zum lateinamerikanischen Christentum und zur Theologie der Befreiung, München/Mainz, 1978, S. 154.

👁 **Die Christen in Brasilien feiern nicht den Ostersonntag. Welche wichtige Station aus Jesu Leidensweg ignorieren sie damit?**

👁 **Warum ist das Bild eines siegreichen, auferstandenen Christus für die meisten Lateinamerikaner nur schwer vorstellbar?**

👁 **Welches Christusbild ist für Lateinamerikaner besonders wichtig? Warum?**

👁 **Mit dem Kreuz nimmt Jesus das Leid auf sich. Von wem wurde das Leid verursacht?**

Ein Traum wird wahr

Kannst du dir vorstellen, wie das ist, aussätzig zu sein? Nein? Ich weiß es, ich kanns dir sagen!

Tiefe Wunden, Geschwüre, Blut, anfangs wenig, dann jeden Tag mehr, dann überall, am ganzen Körper. Deine Füße sind wund. Du kannst keinen Finger mehr rühren. Deinen Arm nicht heben vor Schmerzen, vor Angst. Dein Körper gehört der Krankheit – nicht dir. Aber das ist nicht das Schlimmste. Du bist jetzt ansteckend, unrein bist du, die anderen haben Angst vor dir. Sie jagen dich aus der Stadt – aus dem Dorf. Sie wollen deine Krankheit nicht haben, sie wollen dich nicht mehr haben. Du lebst in einer Höhle vor der Stadt. Aber, was heißt hier leben!

Kannst du dir vorstellen, wie das ist, keinen Traum vom Leben mehr zu haben? Nein? Weißt du, ich auch nicht!

Denn noch habe ich ein Stück von meinem Traum! Ich habe noch Hoffnung! Ich will wieder bei euch sein, ihr Menschen in der Stadt, ich will wieder mit euch reden – mit euch denken, mit euch singen und tanzen, mit euch feiern und fröhlich sein. Ich will mit euch leiden und traurig sein – nicht mehr für mich allein! Ihr Menschen in der Stadt, ich brauche euch! Ich will mit euch schaffen und schuften, mit euch meine Taten tun – unsere Taten tun. Ich will wieder sagen können: Hallo, wie geht's? Ich will wieder antworten können: Danke gut – und wie stehts mit dir? Du siehst, er ist schön, mein Traum, sie sind groß, meine Wünsche.

Kannst du dir vorstellen, wie das ist, einen solchen Traum zu haben? Nein? Ich weiß es. Ich kanns dir sagen!

Ohne diesen Traum hältst du's nicht aus. Ohne diesen Traum kannst du nicht leben. Ohne diesen Traum ist dein Leben zu Ende.

Kannst du dir vorstellen, wie das ist, wenn ein Traum wahr wird? Nein? Ich weiß es, ich kanns dir sagen!

Schon der Tag, an dem alles passierte, hat ungewöhnlich begonnen: In der Ferne ging einer vorbei, blieb tatsächlich einen Moment stehen und rief: *„Hallo, ihr da drinnen, ich muss euch was sagen. Vielleicht hilft's euch! Jesus, der Prediger, Jesus, der Armenfreund, Jesus, der Krankenfreund, kommt hier vorbei. Vielleicht kann der was für euch tun?"*

Und so haben wir auf ihn gewartet. In der Ferne haben wir ihn schließlich kommen sehen mit noch ein paar Leuten dabei. Das Herz hat uns vor Erwartung im Halse geklopft. Jetzt, haben wir gedacht, jetzt oder nie mehr, jetzt gilt's. Wir sind ihm in den Weg getreten und haben gerufen und geschrien: *„Herr schau uns an! Du siehst, wer wir sind, was die Krankheit aus uns gemacht hat, was die anderen aus uns gemacht haben. Wir wissen, du hast vielen geholfen, solchen wie uns und anderen, die nicht ganz so schlimm dran waren. Wir wissen: Du bist unsere Hoffnung. Wir wissen: Du kannst uns wieder zu Menschen machen."*

Er hat uns angeschaut. Wir haben gemerkt, er hat uns verstanden. Wir haben gemerkt, er weiß etwas von unserem Traum vom Leben. Er hat uns gesagt: *„Geht wieder in die Stadt!"* Wie denn? – Was denn? Haben wir gedacht. Das dürfen wir doch nicht, die jagen uns doch wieder fort. Aber – wir wissen noch nicht warum: Wir sind gegangen.

Kannst du dir vorstellen, wie das ist, wenn ein Traum wahr wird? Nein? Ich habs erlebt, ich kanns dir sagen.

Keiner hat sich nach uns umgedreht, keiner hat geschrien: Hinaus – Aussätzige! Wir haben uns angesehen und gemerkt: Wir sind wieder Menschen unter Menschen. Da hab ich zum erstenmal nach vielen Jahren wieder gelacht. Bin gehüpft und gesprungen, habe gesungen und wie irr getanzt vor Freude. Ich habe gewusst, mein Traum vom Leben wird wahr – jetzt!

Hans Heller – nach Lukas 17,11–16, in: Volker Fabricius, Hans Heller (Hrsg.), Das Leben suchen. Ein Arbeitsbuch für den evangelischen Religionsunterricht im 7. und 8. Schuljahr an Realschulen und Gymnasien, Verlag Moritz Diesterweg, S. 37–38.

●●●● ●●

💡 **Lies den Originaltext in der Bibel (Lukas 17, 11–19). Was fällt dir auf? Welcher Text spricht dich eher an?**

💡 **Wie sah das Leben der Aussätzigen damals aus?**

💡 **Gibt es heute noch vergleichbare Krankheiten? Wie sieht das Leben dieser Menschen aus?**

💡 **Kannst du dir vorstellen, wie das ist, keinen Traum vom Leben mehr zu haben? Wie sieht dein Traum vom Leben aus?**

Leid und Humor – Bright Side of Life

Always look on the bright side of life.
Always look on the light side of life.
If life seems jolly rotten,
There's something you've forgotten,
And that's to laugh and smile and dance and sing.
When you're feeling in the dumps,
Don't be silly chumps.
Just purse your lips and whistle. That's the thing.
And ...
Always look on the bright side of life.
Always look on the right side of life,
For life is quite absurd
And death's the final word.
You must always face the curtain with a bow.
Forget about your sin.
Give the audience a grin.
Enjoy it. It's your last chance, anyhow.
So, ...
Always look on the bright side of death,
Just before you draw your terminal breath.
Life's a piece of shit,
When you look at it.
Life's a laugh and death's a joke. It's true.
You'll see it's all a show.
Keep 'em laughing as you go.
Just remember that the last laugh is on you.
And ...
Always look on the bright side of life ...

Monty Python, CD: Monty Python sings,
Film: Das Leben des Brian

- 👁 Übersetzt gemeinsam den Song von Monty Python.
- 👁 Wie gehen Monty Python mit Leid um?
- 👁 Wie wird das Leben dargestellt, welche Metaphern findest du im Text?
- 👁 Findest du, Monty Python haben eine gute Lebenseinstellung?

Vokabelhilfen:

the bright side of life = die Sonnenseite des Lebens

jolly = (umgangssprachl.) ganz schön/total

rotten = (hier:) beschissen

to be in the dumps = niedergeschlagen sein

chumps = Trottel, Schwachkopf

face the curtain with a bow = verbeuge dich, bevor der Vorhang fällt

audience = Publikum

to draw one's terminal breath = den letzten Atemzug tun

a laugh = ein Lacher/eine Lachnummer

'em = them

the last laugh is on you = am Ende hast du die Lacher auf deiner Seite

Leid und Humor – am Ende darüber lachen

Kopf hoch!

Alles wird gut.

Aus Schaden
wird man klug.

Don't worry
be happy.

Die Zeit heilt
alle Wunden

Es liegt alles
in Gottes Hand.

Religious Truths

TAOISM: **Shit happens.**

BUDDHISM: **If shit happens, it isn't really shit.**

HINDUISM: **This shit has happened before.**

ISLAM: **If shit happens, it is the will of Allah.**

CATHOLICISM: **Shit happens, because you deserve it.**

PROTESTANTISM: **Let shit happen to somebody else.**

JUDAISM: **Why does shit always happen to us?**

So hat jeder sein
Päckchen zu tragen.

Es geht alles vorüber,
es geht alles vorbei.

Chaos
Und aus dem Chaos sprach eine Stimme zu mir:
„Lächle und sei froh, es könnte schlimmer kommen."
Und ich lächelte und ich war froh
... und es kam schlimmer.

👁 Welches der Sprichworte gefällt dir am besten? Warum?

👁 Was erkennst du auf dem Bild?

👁 Wie wird Gott hier dargestellt?

👁 Was hat dieser Cartoon mit Hiob zu tun?

Projektvorschlag:

💡 Sucht in Zeitschriften oder Büchern weitere
Cartoons zum Thema Leid. Klebt alle Cartoons
auf ein großes Plakat. Überlegt gemeinsam,
welche Aussage die einzelnen Cartoons machen
und ob sich daraus etwas für das eigene Leben
lernen lässt. Ihr könnt auch eigene Cartoons
zeichnen!

Theologie:

▸▸ *Klaus Berger:* **„Wie kann Gott Leid und Katastrophen zulassen?"**
Gütersloher Verlaghaus, 1999. ISBN 3-579-01449-8

▸▸ *Jürgen Ebach:* **Streiten mit Gott. Hiob.**
Neukirchener Verlag, 1995. ISBN 3-7887-1485-9

▸▸ *Walter Groß/Karl-Josef Kuschel:* **„Ich schaffe Finsternis und Unheil!"**
Ist Gott verantwortlich für das Übel?
Matthias-Grünewald-Verlag, 1992. ISBN 3-7867-1644-7

▸▸ *Georg Langenhorst:* **Hiob unser Zeitgenosse.**
Matthias-Grünewald-Verlag, 1993. ISBN 3-7867-1757-5

▸▸ *Georg Langenhorst (Hrsg.):* **Hiobs Schrei in der Gegenwart.**
Ein literarisches Lesebuch zur Frage nach Gott im Leid.
Matthias-Grünewald-Verlag, 1995. ISBN 3-7867-1867-9

▸▸ *Gerd Neuhaus:* **Theodizee – Abbruch oder Anstoß des Glaubens.**
Herder-Verlag, 2. Auflage, 1994. ISBN 3-451-23237-5

▸▸ *Willi Oelmüller (Hrsg.):* **Theodizee – Gott vor Gericht?**
Fink-Verlag, 1990. ISBN 3-7705-2645-7

▸▸ *Dorothee Sölle:* **Leiden.** Kreuz-Verlag, 9. Auflage, 2003. ISBN 3-7831-2248-1

▸▸ *Heinz Zahrnt:* **Wie kann Gott das zulassen? Hiob – der Mensch im Leid.**
Piper-Verlag, 6. erweiterte Auflage, 1996. ISBN 3-492-20453-8

▸▸ *Gabrielle Oberhänsli-Widmer:* **Hiob in jüdischer Antike und Moderne.**
Die Wirkungsgeschichte Hiobs in der jüdischen Literatur.
Neukirchener-Verlag, 2003. ISBN 3-7887-1945-1

Unterrichtshilfen

▸▸ **Hiob – Wie kann Gott das zulassen?** In: Eckhart Marggraf/Martin Polster
(Hrsg. im Auftrag der Religionspädagogischen Projektentwicklung in Baden-
Württemberg (RPE)), Unterrichtsideen Religion 9./10. Schuljahr. 1. Teilband.
Arbeitshilfen für den Evangelischen Religionsunterricht in Hauptschule,
Realschule und Gymnasium. Calwer Verlag, 2001. ISBN 3-7668-3674-9

▸▸ Heike Klischka: **Hiob – frommer Dulder oder Rebell gegen Gott?**
In: Rudolf Tammeus (Hrsg.), Religionsunterricht praktisch. Unterrichtsentwürfe
und Arbeitshilfen für die Sekundarstufe 1.–8. Schuljahr. Vandenhoeck &
Ruprecht, 1998. ISBN 3-525-61354-7

▸▸ Volker Fabricius/Hans Heller (Hrsg.): **Das Leben suchen.** Ein Arbeitsbuch für
den evangelischen Religionsunterricht im 7. und 8. Schuljahr an Realschulen
und Gymnasien. Verlag Moritz Diesterweg, 1993. ISBN 3-425-97882-9

Romane und Erzählungen

▸▸ *Waaris Dirie/Cathrine Miller:* **Wüstenblume.**
Heyne Verlag, 2002. ISBN 3-453-21261-4

▸▸ *Jostein Gaarder:* **Durch einen Spiegel in einem dunklen Wort.**
Hanser Verlag, 1996. ISBN 3-446-18071-0

Literatur und Links

» Heinrich von Kleist: **Das Erdbeben in Chili.** In: Roland Reuß/Peter Staengle (Hrsg.), Heinrich von Kleist: Sämtliche Werke, Brandenburger Ausgabe. Bd. II/3. Stroemfeld Verlag, 1993. ISBN 3-87877-350-1

» Henning Mankell: **Der Chronist der Winde.**
Deutscher Taschenbuch Verlag, 1995. ISBN 3-423-12964-6

» Gudrun Pausewang: **Die Not der Familie Caldera.**
Ravensburger Verlag, 1997. ISBN 3-473-58031-7

» Joseph Roth: **Hiob. Roman eines einfachen Mannes.**
Bechtermünz-Verlag, 1999. ISBN 3-8289-6630-6

Lieder

» *Tori Amos:* **God.** CD: Under the pink, 1994.

» *Bon Jovi:* **Hey God und Something to believe in.** CD: These Days, 1995.

» *Extreme:* **God isn't dead.** CD: Three sides to every story, 1992.

» *Peter Eben:* **Hiob.** CD

Filme

» **Hiob** (TV-Film in drei Teilen Österreich 1978). Regie: Michael Kehlmann; Darsteller: Günter Mack, Martha Wallner, Despina Pajanou; P/S NDR, ORF

» **Hiobs Revolte.** Spielfilm, Ungarn/BRD 1982, Imre Gyöngyössy, Barna Kabay, 94 Minuten, Farbe, FSK: ab 6, Altersempfehlung ab 6 (eine kurze Filmbeschreibung ist zu finden bei: **www.kinderfilm-online.de** im Film-ABC!)

Links

www.sonntagsblatt-bayern.de/03/03-02-12.01.2003_1042042090-91236.htm
Hier findest du ein aktuelles Interview von Juliane Werding und Uwe Birnstein mit dem biblischen Hiob im Sonntagsblatt Bayern.

www.notfallseelsorge.de
Hier gibt es viele Links und Adressen von Seelsorge-Stellen.

www.unicef.de
unicef ist eine Hilfsorganisation für notleidende Kinder auf der ganzen Welt.

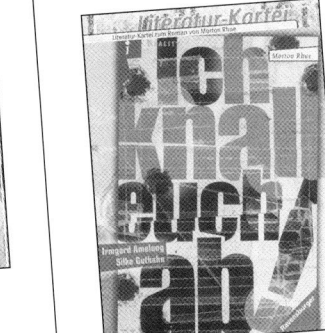